SPRACHWISSENSCHAFTLICHE
STUDIENBÜCHER

GREGOR BITTO
ANDREAS FUCHS

M. Tullius Cicero: Oratio pro M. Caelio –
Rede für M. Caelius

Kommentierte Cicerolektüre
für die Vorbereitung
auf das Latinum

Universitätsverlag
WINTER
Heidelberg

Bibliografische Information der Deutschen Nationalbibliothek

Die Deutsche Nationalbibliothek verzeichnet diese Publikation
in der Deutschen Nationalbibliografie;
detaillierte bibliografische Daten sind im Internet
über *http://dnb.d-nb.de* abrufbar.

UMSCHLAGBILD

Oratio M. Tullii Ciceronis: *Pro Marco Caelio.* Leipzig 1539.
Provenienz: Johann Albrecht I., Herzog von Mecklenburg,
Bestand der Sondersammlung der Universitätsbibliothek Rostock.

ISBN 978-3-8253-5623-1

© 2009 Universitätsverlag Winter GmbH Heidelberg
Imprimé en Allemagne · Printed in Germany
Druck: Memminger MedienCentrum, 87700 Memmingen

Gedruckt auf umweltfreundlichem, chlorfrei gebleichtem
und alterungsbeständigem Papier

Den Verlag erreichen Sie im Internet unter:
www.winter-verlag-hd.de

Vorwort..7

1.   Einleitung.. 9
1.1.   Kurzüberblick zu Ciceros Leben und Werk........................... 9
1.2.   Rhetorik und Ausbildung..14
1.2.1. Das römische Schulsystem und die rhetorische Ausbildung......15
1.2.2. Aufbau einer Rede...17
1.2.3. Wichtige Stilfiguren.. 19
1.3.   Gerichtsverfahren in Rom.. 24
1.4.   Die Rede Pro Caelio...25
1.4.1. Caelius..25
1.4.2. Der Termin... 27
1.4.3. Die Anklage..28
1.4.4   Gliederung der Rede...29
1.4.5. Die moderne Rechtssprechung..32
1.4.6. Catull und Lesbia...36
1.4.7. Cicero und die Komödie..38
1.4.8. Literaturverzeichnis...39

2.   Text und Kommentar..43

3.   Paralleltexte (Deutsch und Lateinisch)..................................81
3.1.   Rede für A. Cluentius Habitus (Deutsch, in Auswahl)..............81
3.2.   Weitere Paralleltexte zur Person des Caelius (Lateinisch)........85

4.   Latinumstexte..95

5.   Anhang I: Glossar..99
5.1.   Sachbegriffe..99
5.2.   Eigennamen... 106
5.3.   Erwähnte Schriften Ciceros...121

6.   Anhang II:
        Kolometrische Gliederung der ersten beiden Kapitel...............125

Vorwort

Die vorliegende kommentierte Ausgabe der Cicerorede *Pro Caelio* ist für Studierende konzipiert, die an der Universität das Latinum nachholen. In den Sprachkursen an der Universität, die zwei bis drei Semester zu jeweils vier bis sechs Semesterwochenstunden umfassen, setzt die Ausbildung am folgenden Text eine intensive Vorarbeit mit Lehrbuch voraus. Unsere *Oratio pro Caelio* kann also Roland Glaessers Lehrbuch *Wege zu Cicero* sehr gut an die Seite gestellt werden.

Für den Lehrbetrieb wird die Verteidigung des Marcus Caelius Rufus selten herangezogen. Die Rede scheint voraussetzungsreich und nicht einfach. Nach unserer Ansicht sollte aber Studierenden, die meist keine angehenden Latinisten sind, dieses vorzügliche Beispiel lateinischer Kunstprosa nicht vorenthalten werden. Cicero erweist sich hier ebenso als Meister des Komischen und Komödiantischen.

Eine umfangreiche Einleitung, die den großen Lerngruppen im Universitätsbetrieb geschuldet den nötigen Raum für individuelles Studium erlaubt, bietet Einführungen zu Cicero, zeitgenössischer Rhetorik, der Rede selbst, dem Gerichtsbetrieb und dem gesellschaftlichen wie literarischen Umfeld. Eine vollständige Gliederung der Rede ist ebenfalls angefügt. Darüber hinaus wird zur Veranschaulichung eine knappe Gegenüberstellung mit der modernen Rechtssprechung unternommen (Für die Unterstützung dabei sei Herrn RA Markus Bitto an dieser Stelle gedankt.)

Der hier vorgestellte lateinische Text umfasst aus der Rede die Paragraphen 1-2, 6-8, 30-38, 50-53, 55-70 und 77-80. Der Teil der Argumentation, den Cicero selbst als entscheidend und nachvollzichbar, somit überhaupt als erwähnenswert versteht, wird somit im Originaltext vorgestellt. Im Kommentar werden Vokabeln bewusst mehrfach angegeben. Hilfen zu Formen, Grammatik und Konstruktionen stehen zu Beginn der Rede häufiger und ausführlicher als zum Ende hin. Auch Anmerkungen zum Inhalt werden wiederholt. Fragen zur Interpretation ergänzen das Verständnis der Rede. Hier finden sich auch an einigen Stellen antike Bewertungen der Caeliusrede. Auf eine systematische Wiederholung von Grammatikphänomenen wurde in den Anmerkungen verzichtet. Weiteres zum Umgang mit dem Kommentar steht direkt vor dem Haupttext.

Der Auszug aus *Pro Caelio* müsste in einem Semester gut zu behandeln sein, so dass auch Zeit für Probeklausuren übrig bleibt. Die drei Probeklausuren, die hier angeboten werden, sind den in der Rede ausgelassenen Passagen entnommen und entsprechen dem Umfang einer schriftlichen Latinumsprüfung. Der hohe Schwierigkeitsgrad birgt den didaktischen Anreiz, dass demjenigen, der eine solche Klausur bestehen könnte, auch die eigentliche Prüfung nicht vor unlösbare Probleme stellt.

Zusatztexte in deutscher und lateinischer Sprache fördern das Verständnis der Rede und stellen die Person des Angeklagten noch weiter vor. Die lateinischen Texte sind weniger ausführlich kommentiert und eignen sich daher zum Teil ebenfalls dazu, die Anforderungen mündlicher und schriftlicher Latinumsprüfungen zu simulieren. Hier können auch Übungen für den Umgang mit dem Wörterbuch eingebunden werden.

Das Literaturverzeichnis gibt den Studierenden, die an einer intensiveren Beschäftigung mit der Rede interessiert sind, weiterführende Anhaltspunkte. Hingewiesen sei außerdem auf den Anhang, der Erläuterungen zu Sachbegriffen, Eigennamen (jeweils durch einen Verweis ↑ gekennzeichnet) und den erwähnten Schriften Ciceros ergänzt. Zur Erleichterung des Lektürebeginns werden die ersten beiden Kapitel in Anhang II kolometrisch gegliedert dargeboten.

Die Vielzahl an Informationen zur römischen Gerichtsrede am Beispiel der *Oratio pro Caelio* ist als Rahmen für den Lektürekurs im Sprachkurs gedacht. Dadurch wird andererseits der individuellen Ausgestaltung des Unterrichts und der Erarbeitung der nötigen Kenntnisse ausreichend Raum gelassen.

Dieses Konzept trägt auch dazu bei, dass ein Einsatz des Buchs im Schulbetrieb in den Kursen der Oberstufe sinnvoll erscheinen mag. Schülerinnen und Schüler sollten die Fähigkeit entwickelt haben, Problemstellungen der lateinischen Sprache in einem gewissen Rahmen auch selbstständig erarbeiten zu können.

G. B.
A. F.
Rostock, Juni 2009

1. Einleitung

1.1. Kurzüberblick zu Ciceros Leben und Werk

Ein solcher Überblick steht bei Cicero nicht auf wackeligen Beinen, da von ihm ca. 800 Briefe an Verwandte und Vertraute überliefert sind. Derart viel authentisches Material zum Leben einer berühmten Persönlichkeit erhalten wir eigentlich erst wieder bei Johann Wolfgang von Goethe.

Marcus Tullius Cicero kam in ↑Arpinum, einem Bergstädtchen ca. 100 km südöstlich von Rom, am 3. Januar 106 v.Chr. auf dem Gutshof seines Großvaters zur Welt. Die Familie gehörte der Gesellschaftsschicht des Ritterstandes an. Dabei handelt es sich um einen Stand in der römischen Gesellschaft, der zwischen dem der Senatoren und demjenigen des einfachen römischen Bürgers angesiedelt war. Eintritt in diese Klasse fand man nur, wenn man über ein gewisses, nicht unbeträchtliches Vermögen (400.000 Sesterzen) verfügte. Cicero entstammte also keineswegs dem hohen in der Politik präsenten Geburtsadel; die Auszeichnung Ritter (*eques*) musste jeder Bürger aufs Neue im wahrsten Sinne des Wortes verdienen. Dennoch konnte sein ehrgeiziger Vater Cicero nach Rom schicken. Dort sollte er die bestmögliche Bildung erhalten. Als günstig erwiesen sich dabei sicherlich die Kontakte, die mütterlicherseits zu Lucius Licinius Crassus und väterlicherseits zu Marcus ↑Antonius bestanden. Wie es damals üblich war, lernte Cicero bei griechischen Lehrern ↑Rhetorik. Dies führte ihn dazu, Reden in sowohl griechischer wie auch lateinischer Sprache halten zu können. Daneben konnte Cicero auf dem Forum auch Plädoyers der berühmtesten Redner seiner Zeit hören. Eine erste Einführung in den zweiten wichtigen Fachbereich seiner Zeit, der ↑Philosophie, erhielt er zu dieser Zeit (79/78 v. Chr.) von ↑Phaedrus, einem ↑Epikureer.

Schon in den Jahren 91-88 v.Chr. war Cicero gezwungen, seine Studien zu unterbrechen, da er im ↑Bundesgenossenkrieg zeitweise Militärdienst ableisten musste. Im anschließenden ↑Bürgerkrieg zwischen ↑Marius und ↑Sulla (88-82 v.Chr.) konnte sich Cicero in Rom aufhalten und ohne Partei zu nehmen, weiter philosophische Studien betreiben. Er hörte den ↑Akademiker ↑Philon von Laris und den ↑Stoiker ↑Diodotos. Letzterer führte ihn auch in die Kunst der ↑Dialektik ein. Die beiden Gebiete ↑Philosophie und ↑Rhetorik (*ratio et oratio*) wurden in Ciceros Überzeugung auch zu einem unzertrennlichen Gespann, wovon er in seiner ersten Schrift *De inventione* deutlich Zeugnis ablegt.

In einer herausragenden, nach *Pro Quinctio* (81 v. Chr.), der zweiten uns überlieferten Rede verteidigte Cicero 80 v.Chr. Sextus ↑Roscius gegen den Vorwurf, er habe seinen Vater ermordet. Damit war der viel umworbene

Staranwalt Cicero geboren, der in seiner Karriere noch so viele Mandanten verteidigen und Gegner anklagen sollte. Wir wissen von etwa 60 Gerichtsreden. In der nachfolgenden Zeit unternahm der Redner eine längere Bildungsreise in die griechische Welt (79-77 v.Chr.), wo er einerseits mit den berühmtesten griechischen Rhetoren und Philosophen seiner Zeit zusammentreffen, andererseits aber auch seine schwächliche Gesundheit auskurieren konnte. Ausdruck seines privaten Glücks war die Liebesheirat mit Terentia, über deren Abkunft uns nichts weiteres bekannt ist.

Der Ruhm als Anwalt führte Cicero auch der ↑Ämterlaufbahn zu, deren Stufen geregelt waren, was Reihenfolge der Ämter, Abstand zwischen den einzelnen Ämtern und Mindestalter für die Zulassung betrifft. Die Ämter wurden alle ehrenamtlich und für ein Jahr bekleidet. Das Tor zur politischen Karriere war aufgestoßen. Indem Cicero bereits 76 das Amt des ↑Quaestors erreichte, erlangte er auch, wie damals alle Träger eines politischen Amtes, Eintritt in den Senat. Wie das Amt des Quaestors erhielt Cicero alle politischen Ämter im Verlauf seiner Karriere immer zum frühest möglichen Zeitpunkt. Dies ist auch besonders bemerkenswert, da er ja nach seiner Abkunft nicht dem Senatorenstand angehörte, sondern als ↑homo novus, unschön ausgedrückt, als Emporkömmling zu bezeichnen ist und als erster seiner Familie die reguläre Ämterlaufbahn antrat.

Den Pflichten der Quaestur (neben richterlichen Tätigkeiten vor allem die Verwaltung der Kasse) kam er in ↑Lilybaeum (dem heutigen Marsala an der Westküste Siziliens) in mustergültiger Weise nach. Gegen ↑Verres, der seinen Pflichten als ↑Propraetor in Sizilien gerade nicht so mustergültig nachkam und seine Provinz offensichtlich gnadenlos ausplünderte, schrieb er dann auf Bitten der Einwohner eine besonders berühmt gewordene Anklagerede (70 v.Chr.).

Gegen härtesten politischen Widerstand erreichte Cicero auch dessen Verurteilung, obwohl man gegenüber Ausplünderungen reicher Provinzen damals in führenden politischen Kreisen nicht unbedingt abgeneigt war. Er musste dabei erst das Anklagerecht erwirken. Dies setzte er gegen Quintus ↑Caecilius durch; was uns als Rede *Divinatio in Q. Caecilium* erhalten ist. Spätestens danach wurde Cicero zum führenden Redner in Rom.

Cicero war bereits zum ↑Aedil bestimmt, einem Amt, das er 69 antrat. Ihm war damit aufgetragen, Wasserleitungen, Gasthäuser, Märkte u.v.m. zu beaufsichtigen. Zu dem Arbeitsgebiet gehörte auch, öffentliche Spiele zu veranstalten, also die Bevölkerung zu unterhalten. ↑Praetor wurde er 66. Dem Gerichtshof vorsitzend trat er in dieser Zeit auch erstmalig als politischer Redner auf. Cicero setzte sich dafür ein, dass Gnaeus ↑Pompeius der Oberbefehl im 3. Krieg gegen ↑Mithridates (74-64 v.Chr.), dem König von Pontus (Nordosten von Kleinasien), übertragen werde. Cicero setzte dies gegen den Widerstand des Adels durch, verkörpert durch ↑Hortensius, einem weiteren großartigen Redner im damaligen Rom. Pompeius kehrte dann auch 61 v.Chr. siegreich und sehr mächtig geworden aus Kleinasien zurück.

63 v.Chr. wurde Cicero im Wahlgang als erster und mit den Stimmen aller Zenturien zum ↑Konsul gewählt. Sein Amtsgenosse wurde Marcus ↑Antonius Hybrida. Vor dem Mitbewerber Lucius Sergius ↑Catilina war die Angst in weiten Teilen der Wahlmänner zu groß. Cicero sah sich als Vertreter des höchsten politischen Amtes einer Vielzahl von Aufgaben gegenüber, die ihren Ursprung oft auch in der Dekadenz der Staatsform, der ↑*res publica*, nahmen. Der Anspruch, persönliche Macht über das Gemeinwohl zu stellen, wurde zu einem beherrschenden Motiv in der römischen Tagespolitik.

Cicero versuchte vor allem den Machtzuwachs ↑Caesars zu verhindern, der seit 67 im Senat war. Ebenfalls wollte Cicero den Ansprüchen eines ↑Crassus entgegentreten. Konkreter sah sich Cicero den gefährlichen Umsturzversuchen Catilinas gegenüber. So lässt es uns die Überlieferung zumindest glauben, die allerdings hauptsächlich durch die vier Reden Ciceros gegen Catilina bestimmt ist – und in Auseinandersetzung mit Cicero durch ↑Sallusts Monographie *De Coniuratione Catilinae*. Cicero gewinnt den Kampf gegen Catilina und seine Schergen. Bei der Debatte, wie die Gefolgsleute zu bestrafen seien, ob zum Tod oder als Bürger Roms zu lebenslanger Verbannung, wie es Caesar z.B. forderte, tritt Cicero für die Todesstrafe ein und macht sich damit auch Feinde.

Der Politiker Cicero geriet auch noch aus einem weiteren Grund in gefährliches Fahrwasser. Er zog sich 62 v.Chr. den Hass von Clodias Bruder ↑Clodius zu. Gegen dessen private Entgleisungen, z.B. näherte sich Clodius unsittlich in Frauenkleidern Caesars Gattin Pompeia, wollte Cicero vor Gericht dessen Verurteilung erzwingen. Der Anwalt scheiterte aber und fand nur noch bei Marcus Porcius ↑Cato politische Unterstützung. Im folgenden Jahr bildeten der vergrämte Pompeius (seine Veteranen wurden vom Senat nicht mit Ackerland ↑entschädigt), der superreiche Crassus und der Ehrgeizling Caesar ein ↑Triumvirat, dem eine beängstigend große Macht überlassen wurde. Dies ließ Ciceros idealistische Pläne, die alte *res publica* wieder erstehen zu lassen, in immer höherem Maße unmöglich erscheinen. Caesar konnte diese Zeit nutzen, um sich politisch immer weiter in den Vordergrund zu spielen.

59 v.Chr. griff Cicero in einer Prozessrede für seinen vormaligen Amtsgenossen ↑Antonius das Triumvirat an. Jetzt trat Clodius auf den Plan. Er wurde Mitglied der *plebs*, um ↑Volkstribun werden zu können. Was für einen Adligen eigentlich unmöglich war, konnte durch dieses Manöver bewerkstelligt werden. Dies dient als weiteres Zeichen der krankenden Staatsform *res publica*. Früher unbestechliche Gesetze und Verordnungen waren der Willkür einzelner unterworfen. Clodius war immer noch von seiner Rache gegen Cicero bestimmt und es gelang ihm, ein altes Gesetz zu erneuern, das sich gegen diejenigen wandte, die den Tod eines Bürgers veranlasst hatten, ohne dies von einem Gericht absichern zu lassen. Ciceros Vorgehen gegen Catilinas Gefolgsleute wurde also wieder aufgewärmt. Clodius und seine bewaffneten Schergen brachten Cicero 58 v.Chr. dazu, Rom freiwillig zu verlassen. Das Gefühl, gescheitert zu sein,

brachte Cicero in dieser Zeit fast um. Fernab von Rom weilte Cicero in ↑Dyrrhachium und ↑Thessalonike.

Doch die politische Situation schien sich noch einmal zu verändern. Die Konfrontation zwischen Pompeius und Caesar bahnte sich an. Eigentlich tragisch, aber Cicero setzte auf Pompeius und erwirkte zumindest 57 v.Chr. seine Rückberufung nach Rom. Er brach sofort mit neuem Optimismus auf und wurde von seiner geliebten Tochter Tullia in ↑Brundisium, dem heutigen Brindisi, in Empfang genommen.

Beim Volk außerordentlich beliebt verdüsterte sich Ciceros politische Zukunft aber schnell wieder. Zwar konnte er mit seiner schärfsten Waffe, seiner Redegabe, gegen Clodius und weitere politische Feinde energisch vorgehen. Aber Caesar war inzwischen zu mächtig, als dass eine offen ausgetragene Gegnerschaft noch von Erfolg gekrönt sein konnte. Pompeius drängte Cicero sogar dazu, seine Rhetorik für Caesar einzusetzen. Besonders musste ihn ein Beschluss des Jahres 56 v.Chr. treffen: Die Macht fiel nun vollkommen den Triumvirn zu, der Senat hatte nahezu vollkommen aufgehört, eine wirksame politische Einrichtung zu sein. Cicero stellte sich auch in der Rede *Pro provinciis consularibus* erfolgreich auf die Seite Caesars. Caesar behielt als ↑Konsul des Jahres 55 v.Chr. seine Provinz ↑Gallien.

Bei der Ohnmacht des Senats war Cicero zu politischer Untätigkeit verdammt. Aus dieser Zeit stammen einige seiner großen Schriften. Getragen von dem Versuch, in lateinischer Sprache ↑Philosophie zum Ausdruck zu bringen und der damaligen Wissenschaftssprache, dem Griechischen, einen Gegenpol zu bieten, verfasste er das rhetorische Meisterwerk *De oratore* und die beiden staatsphilosophischen Werke *De re publica* und *De legibus*. An griechische Rhetoren und Philosophen, vor allem an ↑Platons *Politeia* und *Nomoi*, angelehnt schafft er für die lateinische Sprache auf literarischem Gebiet etwas Neuartiges. Eine längere politische Untätigkeit hätte sich bestimmt positiv für Cicero und seine literarische Pläne ausgewirkt.

Mit seiner Rede *Pro Milone* greift Cicero 52 v.Chr. wieder ins politische Tagesgeschehen ein. Er verteidigt ↑Milo, der Clodius auf offener Straße erschlagen ließ, allerdings erfolglos. In Rom herrschte bewaffneter Terror auf den Straßen. Caesar wird nach seinen Erfolgen in ↑Gallien immer mächtiger, während Pompeius' Stern zu sinken beginnt. Im gleichen Jahr muss Cicero noch gegen seinen Willen die ↑Statthalterschaft nach seinem Konsulat in Kilikien in Kleinasien antreten. Er leistete auch hier vortreffliche Arbeit. Hierbei kam Cicero auch noch zu militärischen Ehren. Bei ↑Issos eroberte er die Festung eines Bergvolkes. Von seinen Soldaten bekam er sogar den Titel ↑Imperator und erhielt auf eigenen Antrag vom Senat in Rom ein ↑Dankfest, das nur von der hohen Ehrenbezeugung des ↑Triumphes übertroffen wurde. Begleitet von den Zwölf ↑Liktoren kehrte er 49 v.Chr. nach Rom zurück, wo er aber in die Wirrnisse des beginnenden ↑Bürgerkrieges hineingezogen wurde. Cicero musste sich für eine der beiden Seiten entscheiden, für Caesar oder für Pompeius, deren

Machtstreben in diesem Krieg endete. Obwohl sich Cicero eindeutig für Pompeius entschied, erwuchs ihm auch daraus höchste Gefahr von Seiten der Pompeianer. Nach dem Tod des Pompeius, nach der Schlacht bei ↑Pharsalos, in Thessalien, (48 v.Chr.) sollte Cicero den Oberbefehl über die Resttruppen übernehmen. Diesen nahm er nicht an und musste sich nun den lebensgefährlichen Vorwurf, ein Verräter zu sein, gefallen lassen. Cicero flieht zurück nach Italien. Er wartete in ↑Brundisium (Brindisi) bis 47 v.Chr. auf Caesar, der ihm dann auch Verzeihung gewährte – ein Beispiel der berühmten ↑clementia Caesaris. Die Beredsamkeit Ciceros konnte gerade in der Innenpolitik von großem Nutzen sein.

Es folgten wieder Jahre höchster literarischer und juristischer Betriebsamkeit. In Prozessreden machte sich Cicero Caesars clementia nutzbar und er konnte damit einige angeklagte Pompeianer freibekommen (Pro Marcello, Pro Ligario). Seiner Freundschaft mit Marcus Iunius ↑Brutus, der bis heute als bekanntester Caesarmörder gilt, verlieh er in dem rhetorischen Buch Brutus Ausdruck. In dieser Periode des literarischen Schaffens konzentrierte sich Cicero offenbar ausschließlich auf die literarische Tätigkeit, ohne damit vordergründig in die Politik eingreifen zu wollen. Als Ausgangspunkt seiner philosophischen Schriftstellerei nennt er ein schlimmes privates Schicksal: seine geliebte Tochter Tullia stirbt 45 v.Chr. Die ↑Philosophie soll ihm Trost spenden. Cicero ist von dem Plan beseelt, den Römern eine eigene philosophische Literatur zu schafffen. Das griechische Vorbild steht im Hintergrund, das nachgeahmt und übertroffen werden sollte (↑aemulatio). Ein Abwägen und Auswählen aus den verschiedenen philosophischen Schulen (sog. Eklektizismus) bestimmte die wirkungsmächtigen philosophischen Schriften Ciceros. Als wichtige Werke sind zu nennen: De finibus bonorum et malorum, Tusculanae Disputationes oder De natura deorum. Meist werden ethische Fragen diskutiert. Vertreter verschiedener philosophischer Schulen werden vorgestellt, die dann in fiktiven Gesprächen um die richtigen Antworten streiten.

Der naive Glauben, Caesars Tod (44 v.Chr.) stelle die alte res publica wieder her, bewahrheitet sich nicht. ↑Antonius wird zum Nachfolger der Ideale Caesars. Er wird auch zu Ciceros letztem und entscheidendem Feind. Cicero hält noch seine Philippischen Reden. Sein griechisches Vorbild, der Redner ↑Demosthenes, wollte damals (351-341 v.Chr.) mit seinen vier Philippika – ebenso vergeblich – die Demokratie in Athen gegen den makedonischen König ↑Philipp verteidigen. Cicero beschwört in seinen Philippika staatstragende Tugenden und den idealen Staatsmann seiner eigenen Schrift De re publica. Doch die entsprechende Resonanz von Volk und Senat blieb aus. ↑Octavian, der spätere Kaiser Augustus, bezwang dann zwar Antonius. Doch sie versöhnten sich auch wieder und bildeten mit Marcus Aemilus ↑Lepidus das zweite ↑Triumvirat. Nun hatten sich auch die letzten Hoffnungen Ciceros aufgelöst. Am 7. Dezember 43 v.Chr. fiel Cicero Gefolgsleuten von Antonius zum Opfer. Antonius ließ noch Ciceros Kopf und Hände auf dem Forum ausstellen.

Das Leben eines begnadeten Schriftstellers und Redners, der Zeit seines Lebens eine äußerst unglückliche Politik betrieb, war zu Ende, und sein außerordentlicher Nachruhm konnte einsetzen.

1.2. Rhetorik und Ausbildung

Die römische ↑Rhetorik war der zentrale Punkt in der Ausbildung eines jeden Römers, der eben die Chance auf eine höhere Bildung hatte. Sie lehnte sich eng an ihr griechisches Vorbild an.

Das Ziel der Rhetorikausbildung war es, den gesamten Prozess zu verinnerlichen, in welchem die ersten, einem zufliegenden Gedanken zu einer vollendet gestalteten Rede verarbeitet werden. Als Richtlinie dafür wurde ein Konzept, ein Schema, entworfen, das den ästhetischen, psychologischen und formellen Ansprüchen der Beredsamkeit Genüge leisten sollte. Doch gerade unser *Pro Caelio* wird zeigen, wie offen zum einen ein solches Schema war, wie viel Platz es zum anderen aber auch für die Genialität eines Redners wie Cicero bot.

Diese Beredsamkeit, das Ziel der Redeschule, hatte im damaligen Rom eine außerordentliche Bedeutung. Sie steht dabei mit Dichtung und ↑Philosophie mindestens auf einer Stufe. Seit dem 2. Jh.v.Chr. löste sich für die jungen Römer die Ausbildung in der Redekunst vom bis dahin üblichen Weg, allein einem erfahrenen Redner zuzuhören und ihn nachzuahmen. Es entstanden die ersten Rhetorenschulen, in denen die erwähnten Konzepte verwirklicht werden sollten. In Rom, stärker als in Griechenland, lag die Aufmerksamkeit in der Ausbildung auf der praktischen Bedeutung. Man hatte Jugendliche vor sich, die das Erlernte auch für die Berufswahl nutzbar machen mussten.

Im 15. oder 16. Lebensjahr musste sich ein Römer im Normalfall für einen Beruf entscheiden. Er konnte sich dabei eigentlich nur zwischen zwei verschiedenen Formen des Dienstes an der ↑*res publica* entscheiden. Ob er sich aber für die juristisch-politische oder die militärische Seite entschloss, seine Hauptqualifikation musste die Beredsamkeit sein.

Die Konzeption oder auch Schultheorie der Beredsamkeit baute auf dem Anlass einer Rede auf. Man unterschied zwischen der beratenden politischen (*genus deliberativum*), der gerichtlichen (*genus iudiciale*), beide zur praktischen Beredsamkeit gehörig, und der zweckfreien Rede (*genus demostrativum*). In der letzten Redeform sah man ein Betätigungsfeld, in dem die Rede eine Art Selbstzweck darstellte. Die Entwicklung der Redekunst in Griechenland und Rom zeigt, dass ein Übergewicht des *genus demostrativum*, also das Schwinden der praktischen Bedeutsamkeit in der Gesellschaft, auch einen Niedergang der Beredsamkeit bedeutete. In Rom bezeichnet das Ende der *res publica* eine solch schmerzhafte Zäsur. Cicero war somit vielleicht nicht nur der mutmaßlich bedeutendste, sondern auch der letzte große Redner Roms. Bis dahin hatte in Rom die gerichtliche, also die zweckgebundene, Rede die höchste Bedeutung. Danach standen zumeist zweckfreie und inhaltsarme Deklamationen auf der

Tagesordnung. Die Rhetorikforschung minimalisierte sich zu einer theoretischen elfenbeinturmartigen Beschäftigung.

1.2.1. Das römische Schulsystem und die rhetorische Ausbildung

Für eine kurze Skizze der Ausbildung in der Redeschule, sollte auch ein Blick auf das Schulsystem im damaligen Rom erfolgen.

Das Schulsystem war dreigliedrig. Nach der Elementarschule und der Literaturschule bildete die Redeschule den Abschluss der Schulausbildung. Jedem, der das Schulgeld bezahlen konnte, standen diese „öffentlichen" Schulen offen. Eine Schulpflicht bestand nie. Es gab auch den privaten Unterricht. Die kleinen Schüler wurden am frühen Morgen von Sklaven in den Unterricht begleitet. Diese Sklaven nannte man Pädagogen (von griech. paidagogos, wörtl. „Knabenführer")! Die Bezeichnung der Lehrer war sehr treffend *litterator* („Buchstabenlehrer"), denn ihre Hauptaufgabe war es auch, von morgens bis nachmittags Schreiben und Lesen beizubringen. Die Lehrmethode bestand darin, dass den Schülern für die einzelnen Buchstaben die Finger geführt wurden. Andernfalls mussten sie in ihrer Wachstafel vorgezeichnete Buchstaben einfach nachmalen. Der Lehrplan erstreckte sich vom Erlernen der Einzelbuchstaben über Silben und Wörter zu Einzelsätzen und kleinen Texten, die wegen ihres moralischen Inhalts auswendig gelernt werden mussten. Vor allem im Privatunterricht, der oft von griechischen Sklaven oder Freigelassenen ausgeführt wurde, erfolgte das Schreiben und Lesen gleich zweisprachig. In Einzelfällen ist bekannt, dass auch ein wenig das Rechnen geschult wurde. Nach der Überlieferung sind die freundlichen Lehrer übrigens in der Minderzahl, häufiger ist von Tadel und körperlicher Züchtigung die Rede.

Bei entsprechenden finanziellen Möglichkeiten wurden die Schüler nach der Elementarschule in der Literaturschule dem *grammaticus* anvertraut. Hier galt die intensive Beschäftigung der Dichtung in lateinischer und griechischer Sprache. Das umgangssprachliche Griechisch war den Schülern bereits längst bekannt, hier sollte man über die Lektüre von ↑Homer, den ↑Tragikern und dem Komödiendichter ↑Menander an der griechischen Bildung teilhaben.

Eine Empfehlung zum Erlernen der beiden Sprachen äußert ↑Quintilian gegen Ende des 1. Jh.n.Chr.: „Ich möchte lieber, dass ein Junge mit der griechischen Sprache beginnt, weil er das Lateinische, das die Meisten verwenden, auch gegen unseren Willen aufnehmen wird. Zugleich auch weil er zuerst in den griechischen Disziplinen zu unterrichten ist, woher auch die unseren stammen. Dennoch möchte ich nicht, dass dies so übermäßig geschieht, dass er lange nur Griechisch spricht oder lernt, wie es meistenteils der Fall ist. Dadurch nämlich passieren die häufigsten Fehler in der Ausprache, die wegen des fremden Klangbildes verdorben ist, und bei Ausdrucksweise, bei der ungeachtet der unterschiedlichen Art zu sprechen, griechische Redeformen durch ständige Gewöhnung hängen bleiben und sich äußert hartnäckig behaupten.

Nicht lange danach muss daher das Lateinische folgen und schnell den gleichen Rang einnehmen. So wird es dazu kommen, dass, wenn wir durch gleichmäßige Sorgfalt beide Sprache zu pflegen beginnen, keine von beiden die andere behindert." (*Institutio oratoria*, 1.1.12-14). Eine forcierte Ausbildung im Griechischen konnte sich demnach auch nachteilig auf die Muttersprache Latein auswirken.

Die Bezeichnung des Lehrers als *grammaticus* darf nicht den Eindruck erwecken, dass im Unterricht nur Grammatik, hier als reine Formenlehre zu verstehen, Gegenstand des Interesses war. Die sorgfältig durchgeführte Arbeit am Text nahm vielmehr die meiste Zeit ein. Sie gliederte sich in vier Abschnitte: in die Textkritik (*emendatio*), das Vorlesen (*praelectio*), die Erklärung (*enarratio*) und die Beurteilung (*crisis*). Diese Stufen hatten ganz pragmatische Gründe.

Eine Textkritik war notwendig, da die Schüler von Hand abgeschriebene Texte vor sich hatten. Diese mussten erst einmal vereinheitlicht werden, so dass alle über denselben Text reden konnten. Das Lesen war recht problematisch, da die Texte in der sogenannten *scriptio continua* verfasst waren, d.h. ohne jede Satzzeichen oder Wortzwischenräume. Erst beim Vorlesen des Lehrers konnten die Schüler in den eigenen Texten Zeichen für Wort- und Satzenden, aber auch Silbenlängen und Akzente eintragen und selbst lesen. Jeder Schüler musste dann seinen Text laut vorlesen. Das obligatorische Auswendiglernen war dann kein Problem mehr. Besonders wichtig war die Erklärung. Sie erstreckte sich auf die Form (Sprache, Stil und Metrik) und den Inhalt (Mythologie, Geschichte, Sonstiges). Dies verlief also ähnlich, wie auch heutzutage größtenteils für den Erwerb des Textverständnisses vorgegangen wird. Die Beurteilung ist dann aber allein als moralische Wertung zu verstehen. Dies erscheint uns ein wenig zu eindimensional. Auch verlief der Unterricht wohl allein im Wechsel von Frage und Antwort. Die kreative Eigentätigkeit des Schülers war noch wenig gefordert.

Um dann aber ein Cicero zu werden, sollte diese Fähigkeit auch geschult werden. Dazu bot sich später in der Redeschule Gelegenheit. Der Stoff dieser Ausbildung ist bereits bekannt. Doch wie wurde versucht, diesen den Schülern beizubringen?

Der junge Schüler musste beim Rhetor in vier Teilgebieten unterwiesen werden. Nach der theoretischen Einführung sollte das Studium der Vorbilder erfolgen. In der Zeit nach Cicero hieß Vorbild freilich meist einfach nur Cicero. Zudem sollten auch Historiker gelesen werden. Auch in der antiken Geschichtsschreibung spielten die Reden eine große Rolle.

In einem dritten Abschnitt gab es vorbereitende Übungen, die sich aber mit der Arbeit am Text in der Literaturschule größtenteils deckten. Nur dürfte jetzt den Interpretationen der Auszubildenden mehr Spielraum geboten worden sein.

Den Höhepunkt der Ausbildung bildeten die Deklamationen. Den Schülern wurde vom Lehrer ein Thema gestellt, das sie schriftlich auszuarbeiten und auswendig vorzutragen hatten. Lehrer, Mitschüler, Eltern und Freunde bildeten das kritische Publikum. Anstelle eines Zeugnisses bestimmte gewissermaßen die

Lautstärke und die Länge des Beifalls, sowie die Notiz „Unterricht bei dem berühmten Rhetor XY" die Form der Bewertung. Amüsant zu wissen ist noch, dass es zwei Formen der Deklamation gab, die beide das Für und Wider entweder eines historischen Ereignisses oder eines Rechtsfalles beleuchten sollten. Das heißt: Die Schüler mussten sich in einem ersten Versuch für ein Geschehnis aussprechen, um dem dann am nächsten Tag in einer zweiten Rede zu widersprechen. Für die politische Rede nennt man dies Suasorie (*suasoria*; *suadere* = raten, überzeugen), für die Gerichtsrede Kontroverse (*controversia* = Streitrede). Um in beidem besonders geübt und erfolgreich sein zu können, unterbrach man die theoretische Ausbildung auch für andere Kurse oder Schulungen (z.B. Heeresdienst oder Philosophiekurse), was vielleicht einem heutigen Jahr an einer ausländischen Schule gleichkommt.

1.2.2. Aufbau einer Rede

Ein guter Redner musste die Gabe haben, den Sachverhalt, den er in seiner Rede vortragen wird, auszuwählen, zu gliedern, in sprachliche Form zu bringen, auswendig zu lernen und entsprechend vorzutragen. Das bildet die fünf Hauptteile der rhetorischen Technik, die hier in den gebräuchlicheren lateinischen Fachtermini wiedergegeben werden:

1. *Inventio* wird das Auswählen oder Auffinden der wichtigen und wirksamen Punkte des Sachverhalts genannt. Nach Aristoteles müssen die *loci communes* (Allgemeinplätze) gefunden werden. Aus dieser begrenzten Anzahl an allgemeinen Überbegriffen lassen sich dann in der Rede die unzähligen Einzelaspekte jedweden Sachverhalts entwickeln.

2. *Dispositio* ist die Gliederung. Die unbegrenzte Fülle der Einzelpunkte werden in eine sinnvolle Ordnung gebracht und auf den natürlichen Ablauf der Rede verteilt. a) In der Einleitung (*prooemium, exordium, principium*) soll das Interesse der Zuhörer geweckt werden. b) Eine kurze Darstellung der Sachlage (*narratio*) und c) die Formulierung des eigentlichen Themas (*propositio*) bilden den Übergang zum Hauptteil (*argumentatio*). d) Dieser kann sich wiederum in zwei Hälften untergliedern, zum einen werden dann die eigenen Argumente vorgebracht und gestützt (*confirmatio*), zum anderen sollen die Argumente der Gegenseite widerlegt werden (*refutatio*). Hierbei ist auf die Reihenfolge der eigenen Beweise zu achten. e) Im Schlussteil (*peroratio, conclusio*) werden dann, vor allem wenn zuvor eine längere *refutatio* stand, die eigenen Hauptargumente wiederholt (*recapitulatio*). Die hohen Vorzüge des Angeklagten können hier auch noch einmal angesprochen werden (*amplificatio*). Hier erreicht die Rede auch ihren emotionalen Höhepunkt, wenn an die Gefühle der Zuhörer appelliert wird. Familienmitglieder,

kleine Kinder oder ältliche Mütter und Väter bieten sich besonders gut an, können erwähnt oder angesprochen werden (Apostrophe), um das Mitgefühl der Zuhörer zu gewinnen (*commiseratio*).

3. *Elocutio* bedeutet sprachliche Gestaltung. Bei dieser Stufe der Bearbeitung wird versucht, die Ausdrucksmittel so auszuwählen und zu gestalten, dass dem Sachverhalt, der Situation und dem Zweck der Rede angemessen gesprochen wird. Dabei ist nicht nur an die verschiedenen Stilfiguren zu denken, sondern von gleicher Bedeutung sind Wortwahl, Wortstellung, Bau der Sätze, Länge der Perioden, Fragen des Wohlklangs und des Rhythmus. Der Redner orientiert sich an drei Hauptstilarten. Der schlichte Stil (*genus tenue*) ist sachlich gehalten und dient dem Unterrichten und Beweisen (*docere et probare*), der mittlere Stil (*genus medium*) soll erfreuen und die Zuhörerschaft für einen gewinnen (*delectare et conciliare*), der hohe Stil (*genus sublime*) soll rühren und erschüttern (*flectere et permovere*). Die Stilarten sind also nach ihrem höheren Grad an Emotionalität oder psychologischer bis psychagogischer Wirkung bezeichnet.

4. *Memoria* war die selbstverständliche Aufgabe des Redners, seine Rede dem Gedächtnis einzuprägen. Die antiken Redner hatten dafür auch schon Methoden des Gedächtnistrainings entwickelt, die sogenannte Mnemotechnik. Als Erfinder der Gedächtniskunst gilt der griechische Lyriker Simonides von Keos (ca. 556-466 v.Chr.). Dabei handelt sich um allerlei Eselsbrücken, die zu Hilfe genommen werden konnten. Der Gedankeninhalt der Rede wird z.B. in Einzelbilder umgesetzt; ein Pferd steht dann für eine in der Rede zu schildernde Reise, ein Trinkgefäß für den Ablauf eines Gelages usw. Diese Einzelbilder werden dann auf einen genau bekannten Komplex oder Vorgang verteilt; z.B. ein Gesicht, um die Reihenfolge der Gedankengänge leichter erinnerlich zu machen: die Stirn steht für das Pferd, das rechte Auge steht für das Trinkgefäß, das linke Auge für den nächsten Gedankeninhalt.

5. *Actio* legt fest, dass eine Rede nicht steif und bewegungslos, auf derselben Tonhöhe mit derselben Redegeschwindigkeit heruntergeleiert wird. Das gesprochene Wort muss durch diese Kunst des Vortrags in seiner Wirkung gesteigert werden. Verschiedene Bewegungen von Körperteilen sollen zu einer umfassenden Symbolsprache ausgearbeitet worden sein. Das lässt sich im Einzelnen nur schwer nachvollziehen und belegen. So verschieden von der modernen Praxis wird dies aber nicht gewesen sein. Übertriebenes Gestikulieren wurde jedenfalls kritisiert.

1.2.3. Wichtige Stilfiguren

Es ist genauer zwischen Tropen und Figuren zu unterscheiden. Tropen beziehen sich auf einzelne untypisch verwendete Wörter oder Wortgruppen. Das als Tropus verwendete Wort bezeichnete etwas anderes als seine eigentliche Bedeutung. Figuren erkennt man an der besonderen Anordnung mehrerer Wörter. Beide Stilelemente setzt der Redner ein, um bestimmte Aussagen oder Redeabsichten hervorzuheben. Daher ist bei der Behandlung der Stilfiguren stets die Frage nach der mutmaßlichen Absicht des Autors und der Funktion der Figur oder der Trope von Bedeutung.

(Die Beispiele und ihre Übersetzungen sind – z.T. mit Änderungen – Richter-Reichhelm entnommen, s. Literaturverzeichnis 1.4.8; Abkürzungen: Autoren: Caes. = Caesar, Cic. = Cicero, Liv. = Livius, Sall. = Sallust, Suet. = Sueton; Werke: BG = Bellum Gallicum, Cat. = In Catilinam, Cluent. = Pro Cluentio, De Div. = De Divinatione, De Leg. = De legibus, De Or. = De Oratore, Div. Iul. = Divus Iulius, Div. in Caec. = Divinatio in Caecilium, Fin. = De Finibus, Iug. = Iugurtha, Lael. = Laelius, Met. = Metamorphosen, Rep. = De Re Publica, Or. = Orator, Part. Or. = Partitiones oratoriae, Rhet. Her. = Rhetorica ad Herennium, Rosc. = Pro Roscio, Sen. = De Senectute, Verr. = In Verrem).

Tropen
1. Euphemismus: Unangenehme oder auch unheilbringende Einzelheiten werden durch einen beschönigenden Ausdruck umschrieben. Bsp.: *Vetat* [...] *Pythagoras* [...] *de praesidio et statione vitae decedere.* (Es verbietet Pythagoras von seinem Posten und seiner Station im Leben zu weichen (= sich selbst zu töten). Cic. Sen. 73).
2. Hyperbel: Eine Aussage wird absichtlich ins Unglaubwürdige übersteigert. Bsp.: *Nulla iam pernicies* a monstro illo atque prodigio *moenibus ipsis intra moenia comparabitur.* (Kein Verderben wird dies grässliche Scheusal mehr innerhalb unserer Stadt gegen unsere Stadt aushecken. Cic. Cat. 2.1).
3. Ironie: Bei einer Aussage ist deutlich zu verstehen, dass ihr Gegenteil gemeint ist. Bsp.: *O praeclarum imperatorem* [...] *cum Paullis, Scipionibus, Mariis conferendum! Tantumne vidisse in metu perciloque provinciae.* (Was für ein hervorragender Feldherr, den man mit Männern wie Paullus, Scipio und Marius vergleichen muss! Solche Einsicht hat er in der Not und Gefahr der Provinz gezeigt. Cic. Verr. 2.14).
4. Litotes: Eine Verneinung hebt die positive Aussage hervor. Bsp.: *Aude hoc primum negare, si potes:* nemo *Lilybaei fuit,* quin *viderit,* nemo *in Sicilia,* quin *audierit.* (Untersteh dich doch, zuallerst diesen Vorfall zu bestreiten, wenn du kannst: Kein Mensch in ↑Lilybaeum hat ihn nicht wahrgenommen, kein Mensch in Sizilien nicht davon gehört. Cic. Verr. 2.140).

5. Metapher: Durch die Auslassung der Konjunktion „wie" wird ein Vergleich verkürzt. Bsp.: *Hic locus igitur est unus, quo perfugiant; hic* portus, *haec* arx, *haec* ara *sociorum*. (Hier ist also die einzige Stätte, wo sie Schutz suchen können, hier der Hafen, hier die Burg, hier der Altar der Bundesgenossen. Cic. Verr. 2.126)

6. Metonymie: Das eigentliche Wort wird durch ein anderes ersetzt, das in nachvollziehbarer Beziehung zu ihm steht. Die Synekdoche (*pars pro toto*) ist ein Beispiel dafür. Der Teil eines Gesamten steht für das Gesamte. Bsp.: Pro *aedificiis* [...] *parietes* aut *tecta* dicimus. (Für Gebäude sagen wir Wand oder Dach. Cic. De Or. 3.168).

7. Personifikation/Prosopopoeie: Konkrete eigentlich leblose Begriffe oder schon verstorbene Menschen werden als handelnde Personen eingeführt. Bsp.: *Etenim si mecum patria* [...], *sic cuncta Italia, si omnis res publica loquatur: ,M. Tulli, quid agis? Tune* [...] *principem coniurationis exire patieris* [...].' (Wenn nämlich das Vaterland, wenn ganz Italien, wenn unser gesamtes Gemeinwesen zu mir spräche: ,M. Tullius, was tust du? Du willst es dulden, dass das Haupt der Verschwörung entkommt?' Cic. Cat. 1.11.27-29).

8. Rhetorische Frage: Eine Frage erhält die Funktion der Aussage, da sie auch schon die Antwort deutlich macht oder sich nicht beantworten lässt. Bsp.: *Quo usque tandem abutere, Catilina, patientia nostra?* (Wie lange, Catilina, willst du unserer Geduld noch missbrauchen? Cic. Cat. 1.1).

Figuren

1. Alliteration: Mindestens zwei nebeneinander stehende Worte beginnen mit demselben Anlaut. Bsp.: P*ortae* p*atent:* Pr*oficiscere!* (Die Tore stehen offen: Geh! Cic. Cat. 1.5).

2. Anadiplose: Das Schlusswort eines Satzes oder Teilsatzes wird im nächsten Satz oder Teilsatz wiederholt. Bsp.: *Hic tamen* vivit. Vivit? *Immo vero etiam in senatum venit.* (Trotzdem lebt dieser Mensch. Lebt? Ja, er kommt sogar in den Senat. Cic. Cat. 1.1.2).

3. Anakoluth: Ein Satz wird nicht folgerichtig nach den Regeln der Syntax zu Ende geführt. Bsp.: *Si, ut Graeci dicunt, omnīs aut Graios esse aut barbaros* [statt: *omnes aut Graii sunt aut barbari*], *vereor, ne* [*Romulus*] *barbarorum rex fuerit*. (Wenn alle, wie die Griechen behaupten, entweder Griechen oder Barbaren sind, fürchte ich, dass er König von Barbaren gewesen ist. Cic. Rep. 1.58).

4. Anapher: Mehrere Sätze oder Teilsätze beginnen mit demselben Wort. Bsp.: *Nihil*ne *te nocturnum praesidium Palati*, nihil *urbis vigiliae*, nihil *timor populi*, nihil *concursus bonorum omnium* [...] *moverunt?* (Nicht die nächtliche Besetzung des Palatiums, nicht die

Wachen in der Stadt, nicht die Angst des Volkes, nicht das Zusammenströmen aller Guten haben dich bewegt? Cic. Cat. 1.1).

5. Antithese: Entgegengesetzte Begriffe oder Aussagen werden pointiert gegenübergestellt. Bsp.: *Vicit pudorem libido, timorem audacia, rationem amentia.* (Gesiegt hat über die Scham die Gier, über die Furcht die Dreistigkeit, über die Vernunft der Unverstand. Cic. Cluent. 6.15).

6. Aposiopese: Ein Gedankengang in einer Rede wird plötzlich abgebrochen, um den Hörern die Fortsetzung zu überlassen. Bsp.: *Qui istā formā et aetate nuper alienae domi* – nolo plura dicere. (Wer von dieser Schönheit und Jugend neulich in einem fremden Haus – mehr will ich nicht sagen. Rhet. Her. 4.67).

7. Apostrophé: Der Redner wendet sich von den Richtern ab und spricht direkt zu anderen Personen (Gegnern, erfundenen Personen, etc.). Bsp.: *O leges Porciae legesque Semproniae!* (O ihre Gesetze des Porcius und ihr Gesetze des Sempronius! Cic. Verr. 2.5.163).

8. Asyndeton: Die Konjunktionen werden weggelassen. Bsp.: *Veni, vidi, vici.* (Ich kam, sah, siegte. Suet. Div. Iul. 37.2).

9. Brachylogie: Satzteile werden ausgelassen, die in ähnlicher Form bereits im Kontext standen und sich somit erahnen lassen. Bsp.: *Omnia profecto, cum se* a caelestibus rebus *refert* ad humanas [sc. res], *excelsius magnificentiusque et dicet et sentiet.* (Sicherlich wird er [sc. der Redner] alles, wenn er sich von den himmlischen Angelegenheiten zu den menschlichen wendet, erhabener und großartiger empfinden und ausdrücken. Cic. Or. 119).

10. Chiasmus: Die gleichen Satzteile stehen überkreuz. Bsp.: *Tam enim esse* clemens tyrannus *quam* rex importunus *potest.* (Denn ein Tyrann kann ebenso maßvoll wie ein König rücksichtslos sein. Cic. Rep. 1.50).

11. Disiunctio: Zu einem oder mehreren Subjekten werden unterschiedliche Prädikate gesetzt, obwohl eines für alle reichen würde. Bsp.: *Formae dignitas aut morbo* deflorescit *aut vetustate* extinguitur. (Die Würde der Gestalt verblüht entweder durch Krankheit oder verlöscht durch das Alter. Rhet. Her. 4.37).

12. Distributio: Ein Hauptbegriff wird in mehrere Unterbegriffe aufgespalten. Der Hauptbegriff wird dabei zum besseren Verständnis am Anfang oder am Ende der Wortgruppe wiederholt. Bsp.: *Iamque opus exegi, quod nec Iovis ira nec ignis/ nec poterit ferrum nec edax abolere vetustas.* (Und jetzt habe ich ein Werk vollendet, das nicht Iuppiters Zorn nicht Feuer,/ nicht Eisen, nicht nagendes Altern tilgen können. Ovid Met. 15.871f.).

13. Ellipse: Meist wird ein einzelnes Wort ausgelassen, das sich unschwer aus dem Kontext erahnen lässt. Bsp.: *Incensus Canius*

cupiditate contendit a Pythio, ut venderet. Gravate ille primo [sc. *egit*]. Quid multa [sc. *dicam*]? (Von Begierde entflammt verlangte Canius von Pythius, dass er verkaufe. Jener [verhielt] sich zunächst spröde. Was [soll ich] viele [Worte machen]? Cic. Fin. 3.59).

14. Enallagé: Es besteht ein Unterschied zwischen grammatischem und inhaltlichem Bezug eines Adjektivs zu einem Substantiv. Bsp.: *Itaque in* omni *defectione* sociorum [= *in defectione omnium sociorum*] *Latini nominis urbano prope dilectu decem scribebantur legiones.* (Deshalb wurden beim Abfall aller Bundesgenossen Latinischen Rechts zehn Legionen fast ausschließlich in der Hauptstadt ausgehoben. Liv. 9.19.2).

15. Epipher: Mehrere Sätze oder Teilsätze schließen mit demselben Wort. Bsp.: *Poenos populus Romanus iustitia* vicit, *armis* vicit, *liberalitate* vicit. (Die Punier hat das römische Volk durch Gerechtigkeit besiegt, durch Waffen besiegt, durch Freigebigkeit besiegt. Rhet. Her. 4.19).

16. Figura etymologica: In derselben Wendung werden stammverwandte Wörter hintereinandergesetzt. Bsp.: *Si enim ita est, vide, ne facinus facias.* (Wenn es nämlich so ist, sieh zu, dass du kein Verbrechen begehst. Cic. Fin. 2.95).

17. Geminatio/Iteratio: Dasselbe Wort wird zur starken Hervorhebung wiederholt. Bsp.: *En illa, illa, quam saepe optastis, libertas [...] in oculis sita [...].* (Seht dort, dort, habt ihr sie, die ihr so oft ersehntet, die Freiheit vor euren Augen. Sall. Cat. 20.14).

18. Hendiadyoin: Zwei sinnverwandte Wörter ergänzen sich zu einem zusammengesetzten Begriff. Dies wird im Deutschen oft durch ein Substantiv mit adjektivischem Attribut wiedergegeben. Bsp.: *odio atque acerbitate* (bitterer Hass, Cic. Verr.2.4.68).

19. Homoeoteleuton: Die in den Satzgliedern eines Satzes entsprechenden Worte haben die gleiche reimende Endsilbe. Bsp.: Abi*it*, excess*it*, erup*it*, evas*it*. (Er ging weg, zog fort, brach aus, entschwand. Cic. Cat. 2.1).

20. Hypérbaton: Grammatisch zusammengehörige Wörter werden getrennt. Bsp.: Instabilis *in istum plurimum* fortuna *valuit. Omnes invidiose bene vivendi* casus facultates. (Das wankelmütige Schicksal zeigte an ihm seine ganze Gewalt. Der Zufall entriß ihm neidisch alle Mittel, ein gutes Leben zu führen. Rhet. Her. 4.44).

21. Hýsteron-Próteron: Zwei Begriffe stehen umgekehrt zu ihrer natürlichen Ordnung. Bsp.: *Qui se ipse norit [...], intelleget, [...] quanta [...] instrumenta habeat* ad obtinendam adipiscendamque *sapientiam.* (Wer sich selbst erkennt, wird verstehen, wie große Hilfsmittel er zur Bewahrung und Erlangung der Weisheit besitzt. Cic. Leg. 1.22.59).

22. Klimax: Das zuvor Gesagte wird durch das Folgende überboten. Bsp.: *Veni, vidi, vici.* (Ich kam, sah, siegte. Suet. Div. Iul. 37.2).

23. Oxýmoron: Zwei sich widersprechende Begriffe werden zu einer Einheit verbunden. Bsp.: *Cum tacent, clamant.* (Wenn sie schweigen, schreien sie. Cic. Cat. 1.21).

24. Parádoxon: Im Text wird eine völlig unerwartete Wendung eines Gedankens entwickelt. Bsp.: *in dissimili genere persimilis* (in unterschiedlicher Gattung sehr ähnlich; Cic. Part. Or. 26).

25. Parallelismus: Die gleichen Satzteile erscheinen in aufeinander folgenden Sätzen oder Satzteilen in der gleichen Wortfolge. Bsp.: *Admonebat* alium egestatis, alium cupiditatis suae, complures periculi aut ignominiae, multos victoriae Sullanae, *quibus ea praedae fuerat.* (Den einen erinnerte er an sein kümmerliches Leben, einen anderen an seine besondere Leidenschaft, manchen wieder an gerichtliche Verfolgung und Entehrung, viele an Siege zu Sullas Zeit, die einst Beute brachten. Sall. Cat. 21.4).

26. Paronomasie: Worte, die im Klang recht ähnlich, aber in der Bedeutung unterschiedlich sind, werden für ein ‚Wortspiel' nebeneinander gesetzt. Bsp.: *Mala* res, spes *multo asperior.* (Die Gegenwart ist schlimm, die Zukunft noch viel härter. Sall. Cat. 20.13).

27. Pleonasmus: Bei einem Begriff steht ein Zusatz, der kein neues Merkmal beisteuert und überflüssig ist. Bsp.: *Tamen eos defendes, qui se ab omnibus desertos* potius *quam abs te defensos esse* malunt? (Dennoch verteidigst du diejenigen, die lieber eher von allen verlassen als von dir verteidigt sein wollen? Cic. Div. in Caec. 21).

28. Polysyndeton: Dieselbe Konjunktion wird mehrmals gesetzt. Bsp.: *Quos* [sc. *liberos*] neque *ut convenire potuerit* neque *qua ratione inducere* neque *ubi* neque *per quos* neque *qua spe aut quo pretio potes ostendere.* (Du kannst weder darlegen, wie er diese [sc. als Mörder gedungenen Freien] hätte treffen können, noch, auf welche Weise er sie hätte verleiten können, weder wo, noch durch wessen Vermittlung, noch auf welche Hoffnung hin oder für welchen Preis. Cic. Rosc. 79).

29. Praemunitio/Occupatio: Ein Redner sichert sich im Voraus gegen eventuelle Einwürfe der Gegenseite ab und entkräftet sie. Bsp.: *Qui autem aequa potest esse* [sc. *libertas*] – omitto dicere in regno, ubi ne obscura quidem est aut dubia servitus – *sed in istis civitatibus in quibus verbo sunt liberi omnes?* (Wie aber kann sie [sc. die Freiheit] gleich sein – ich sehe davon ab zu sagen: in der Monarchie, wo die Knechtschaft nicht einmal verdeckt oder zweifelhaft ist – aber in jenen Staaten, in denen dem Wort nach alle frei sind? Cic. Rep. 1.47).

30. Praeteritio: Der Redner kündigt an, er wolle über etwas nicht sprechen. Dadurch wird der Inhalt des nicht Besprochenen hervor-

gehoben. Bsp.: *Quid ego istius decreta, quid rapinas, quid hereditatum possessiones datas, quid ereptas proferam?* (Wozu soll ich all seine Erlasse, seine Räuberein, all die freiwillig überlassenen oder gewaltsam erzwungenen Erbschaften aufzählen. Cic. Phil. 2.62).

31. Complexio/Symploké: Kombination von Anapher und Epipher. Bsp.: Quem *senatus* damnarit, quem *populus Romanus* damnarit, quem *omnium existimation* damnarit, *eum vos sentenciis vestris absolvetis?* (Wen der Senat verurteilt hat, wen das römische Volk verurteilt hat, wen die öffentliche Meinung verurteilt hat, den wollt ihr mit euren Stimmen freisprechen? Rhet. Her. 4.20).

32. Synonymie: Sinnverwandte Wörter werden hintereinandergestellt. Bsp.: *Aderat* ianitor carceris, carnifex praetoris, mors terrorque *sociorum et civium Romanorum, lictor Sextius.* (Da war der Gefängniswärter zur Stelle, der Henker des Praetors, der Tod und Schrecken der Bundesgenossen und römischen Bürger, der Büttel Sextius. Cic. Verr. 2.118).

33. Traductio/Polyptoton: Dasselbe Wort wird in veränderter grammatischer Form wiederholt. Bsp.: *Ut tum* ad senem senex de senectute, *ita in hoc libro* ad amicum amicissimus *scripsi* de amicitia. (Wie ich aber damals als Greis an einen Greis über das Greisenalter schrieb, so habe ich die vorliegende Schrift als bester Freund für meinen Freund über die Freundschaft verfasst. Cic. Lael. 1.5).

34. Trikolon: In einer geschlossenen Wortgruppe werden drei Sinneinheiten mit einander entsprechender Wortzahl oder sogar Silbenzahl kombiniert. Bsp.: *Nec rei publicae consuluisti nec armis profuisti nec inimicis restisti.* (Du hast dich weder für den Staat engagiert noch um deine Freunde gekümmert, noch deinen Feinden widersetzt. Rhet. Her. 4.26).

35. Zeugma: Ein Prädikat wird syntaktisch mit mehreren Subjekten verbunden, obwohl es nur zu einem inhaltlich richtig passt. Bsp.: *Nam in Iugurtha tantus dolus* [...] *erat, ut,* [...] *pacem an bellum gerens perniciosior esset, in incerto haberetur.* (Denn Iugurtha war so verschlagen, dass unsicher war, ob er beim Führen von Krieg oder Frieden gefährlicher sei. Sall. Iug. 46.8).

1.3. Gerichtsverfahren in Rom

Fühlte man sich (rhetorisch) ausreichend gebildet, konnte man sich einem Gerichtsverfahren der damaligen Manier als Anwalt stellen. Auch wenn man heutzutage vielleicht noch nicht in ein Strafverfahren verwickelt war, kann man sich vorstellen, dass sich die Gerichtspraxis im Rom eines Caelius und Ciceros von der jetzigen deutlich unterschied.

Der Strafprozess bestand aus zwei Vorgängen. Zuerst musste ein Kläger beim ↑Praetor die Klage anmelden. Dieser Gerichtsbeamte musste über die Zulässigkeit der Klage entscheiden. Gab es mehrere Kläger, musste auch entschieden werden, wer sie einzureichen habe. Anschließend wurde der Angeklagte (*reus*) vor den Praetor geladen. Falls die Schuld schon feststeht, konnte der Praetor gleich zu einer Verurteilung fortschreiten und das Strafmaß bestimmen. Andernfalls, immer vorausgesetzt die Klage ist nach Beurteilung des Praetors zulässig, kommt es zu einer Verhandlung in einem öffentlichen Gericht (*iudicium publicum*), das mit Geschworenen besetzt war, unter Leitung des Praetors. Zur Zeit der Rede *Pro Caelio* standen 900 Angehörige des Senatoren- und Ritterstandes bereit, in die Gerichtshöfe (*quaestiones*) als Geschworene (*iudices*) ausgelost zu werden. Die ständigen Gerichtshöfe waren jeweils für unterschiedliche Straftaten zuständig (Erpressung, Mord, Amtserschleichung, Religionsfrevel usw.).

Das Verfahren fand auf dem Forum unter freiem Himmel statt. Auf erhöhter Bühne (*tribunal*) saß der Praetor umgeben von seinem Richterkollegium. In einem weiteren Ring saßen die Zuschauer (*corona*). Ein Gerichtsverfahren wurde also von großen Teilen der Bevölkerung wahrgenommen. Erst hielt der Ankläger seine Anklagerede, an die sich das Plädoyer des Verteidigers anschloss. Rechtsanwalt und Staatsanwalt in unserem Sinne gab es aber nicht. Cicero gelang es nahezu immer, auch wenn es mehrere Verteidiger gab, als letzter an besonders hervorgehobener Stelle zu sprechen. Zu bedenken ist also, dass wir mit unseren Gerichtsreden Ciceros immer nur einen Ausschnitt eines Gerichtsverfahrens vor uns haben. Danach wurden die Zeugen vernommen und sonstiges be- oder entlastendes Material gezeigt und verlesen. Die vereidigten Geschworenen bzw. Richter stimmten dann über die Schuldfrage ab (A auf ihrem Holztäfelchen hieß ABSOLVO = Freispruch [„ich spreche frei"], C hieß CONDEMNO = Schuldspruch [„ich verurteile"]). Nach der Auszählung verkündet der Praetor das Urteil und das Strafmaß. Zeichnet sich in einem langen Prozess eine schwere Strafe ab (Ächtung oder gar der Tod) konnte sich der Angeklagte noch vor dem Urteilsspruch freiwillig verbannen lassen.

1.4. Die Rede Pro Caelio

1.4.1. Caelius

Für antike Verhältnisse sind auch die Lebensumstände des Marcus Caelius Rufus ganz gut bezeugt. Geboren 82 v.Chr. wahrscheinlich in einem Städtchen in den Abruzzen, vielleicht in Interamnia, der Hauptstadt der *regio Praetuttiana* (heute Teramo, Hauptstadt der gleichnamigen Provinz), entstammte er einer Ritterfamilie. Zur Ausbildung kam er nach Rom, nachdem er die ↑*toga virilis* erhalten hatte. Für sein ↑*tirocinium fori*, die praktische Ausbildung auf dem Forum bei bekannten Rednern und Gestalten der römischen Politik, schloss er sich in Rom

Cicero und ↑Crassus an. Das musste also etwa im Jahre 66 oder 65 v.Chr. geschehen sein und dauerte bis 63. Cicero hielt ihn für einen besonders begabten jungen Mann.

Das Jahr 63 v.Chr., in dem ↑Catilina besonders umtriebig und bei jungen Leuten offensichtlich auch sehr beliebt war, beendete das Ausbildungsverhältnis. Caelius war zwar noch ↑Quaestor unter dem ↑Konsul Cicero geworden, sympathisierte aber mit dem Rebellen Catilina, der sich gegen die festgefahrenen Satzungen und die sich schon längst in Auflösung begriffene Regierungsform wandte. Ob sich Caelius dann an der berüchtigten Verschwörung beteiligte, ist ungewiss. In dieser Generation schienen viele Jugendliche in unterschiedlichem Maße auf der Seite Catilinas gestanden zu haben. Der Hang zum Protest am bestehenden gesellschaftlichen Leben war verbreitet. Andererseits wurde in der Politik der Vorwurf, Catilinarier zu sein, weidlich ausgenutzt, um etwaige Nebenbuhler auszuschalten oder zumindest in Misskredit zu bringen.

In den Folgejahren begleitete Caelius den Prokonsul Quintus Pompeius Rufus nach Africa. Für das großartige Talent des Caelius spricht sein offizieller Einstieg in das öffentliche Leben. Er klagte gleich Gaius ↑Antonius Hybrida wegen Amtsmissbrauchs und Beteiligung an der Verschwörung Catilinas an. Dieser war immerhin gemeinsam mit Cicero Konsul! Caelius gewann, es kam zur Verurteilung, obwohl Antonius von Cicero verteidigt wurde. Die hemmungslos ausgenutzte ↑Statthalterschaft in Makedonien war Antonius zum Verhängnis geworden.

Caelius wurde zu einem berühmten Mann. Den Lehrmeister Cicero benötigte er nicht mehr. Er änderte auch seinen Lebensstil und zog in das lebhafte Viertel am Palatin (einem der Hügel Roms). Dort mietete er sich eine teure Wohnung bei Publius ↑Clodius. Hier trieb auch dessen Schwester ↑Clodia ihr Unwesen. Sie unterhielt einige Etablissements, hatte Affären mit den Reichen und Schönen in Rom. Cicero soll diese Clubs auch besucht haben, wodurch er sich die Eifersucht seiner Frau Terentia zuzog. Ob sie sich aber deshalb scheiden ließen, ist unbewiesen. Caelius war auch einer von Clodias Favoriten. Der aufgehende Stern in der römischen Gesellschaft war für Clodia, zu dieser Zeit so Mitte 30, natürlich besonders attraktiv. Er war 26, äußerst gut aussehend, verfügte über den nötigen Witz und Charme und sei außerdem ein exzellenter Tänzer gewesen. Nach ca. 2 Jahren beendete er das Verhältnis mit Clodia.

Caelius strengte dann 56 v.Chr. einen weiteren Prozess an, der für Aufsehen sorgte. Am 11. Februar dieses Jahres kam es zur Verhandlung wegen Amtserschleichung (*ambitus*) gegen Lucius Calpurnius Bestia, den Vater von Lucius Sempronius ↑Atratinus. Cicero verteidigte Calpurnius und gewann. Calpurnius bewarb sich erneut um die Praetur und Caelius reichte wiederum Klage ein. Atratinus, 17 Jahre alt, reichte seinerseits – zumindest formal – eine Klage gegen Caelius ein, um diese Pläne zu durchkreuzen. Ciceros Anlass für die Rede *Pro Caelio* war gegeben.

Nach dem Freispruch des Caelius verschwand Clodia aus dem Rampenlicht. Die Familie der Clodier unternahm zwei Jahre später noch einen weiteren, aber weniger spektakulären Angriff gegen Caelius. Sonst ist aber kein Zusammentreffen zwischen Caelius und dieser Familie mehr bezeugt. Caelius sah dann auch von einer weiteren Verfolgung des Calpurnius Bestia ab. Der Weg für die politische Karriere war offen. 52 v.Chr. wurde Caelius ↑Volkstribun. Er gewann noch weitere Rechtsstreitigkeiten und wurde 50 v.Chr. ↑Aedil. Caelius gelang es, z.B. die Wasserversorgung der Stadt Rom zu sichern, indem er eine kenntnisreiche Rede zur Problematik hielt, dass immer mehr Inhaber von Geschäften und Privatleute ungefragt und eigenständig Wasserleitungen an das Hauptwasserversorgungsnetz anschlossen. Cicero verbrachte diese Zeit als Prokonsul in Kilikien. Von den Briefen, die Caelius in dieser Zeit an Cicero sandte, sind einige erhalten (s. 3.2.). Daher sind wir auch verhältnismäßig gut über Caelius, sein Wesen und die Klatschgeschichten im damaligen Rom informiert.

Caelius geriet dann noch in die Wirren des ↑Bürgerkriegs, bei dem er sich anfänglich auf die Seite ↑Caesars gestellt hatte, sich schließlich aber gegen ihn wandte und gemeinsam mit ↑Milo Süditalien gegen Caesar aufwiegeln wollte. Dies gelang ihnen nicht; mit Unterstützung von wenigen Sklaven und Gladiatoren unterlagen sie in einem Gefecht gegen caesarianische Truppen, und Caelius fiel bei Thurii (Süditalien, im Golf von Tarent), worüber der pikierte Caesar in seiner Schrift über den Bürgerkrieg ausführlich berichtet (s. 3.2.).

Für die Verteidigung des Caelius haben wir ein seltenes Zeugnis aus seiner eigenen Rede (bei ↑Quintilian, *Institutio oratoria* 11.1.50-51): „Möge nur niemand von euch und von allen, die hier an der Verhandlung teilnehmen, den Eindruck gewinnen, meine Miene sei zu dreist, eines meiner Worte zu unbeherrscht oder schließlich, so wenig auch darauf ankommt, meine Gebärde zu selbstbewusst gewesen." Quintilian, dem wohl noch die gesamte Rede des Caelius vorlag, wertet diese Schilderung der Zurückhaltung besonders positiv und für eine Verteidigungsrede auch als sehr geschickt. Dies kann natürlich nicht mehr als ein kleiner Hinweis auf die offensichtlich große, von Vernunft getragen Redefähigkeit des Caelius gedeutet werden.

1.4.2. Der Termin

Der Gerichtstermin wurde vom ↑Praetor, wahrscheinlich einem gewissen Gnaeus Domitius ↑Calvinus, auf den 4. April 56 v.Chr. festgesetzt. Im römischen Kalender fanden an diesem Tag die Feiern zu Ehren der Großen Göttermutter, ↑*Mater Magna Cybele*, statt. Wie an allen Feiertagen sollten an diesem Tag die Geschäfte und das Gerichtswesen ruhen. Vom Stellenwert des Festes im alten Rom her gesehen wäre es ungefähr vergleichbar, wenn bei uns an Weihnachten ein Gerichtsverfahren stattfinden würde. Den deutlichen Unterschied macht aber das Unterhaltungsprogramm, das an den Tagen zu Ehren der *Magna Mater* veranstaltet wurde. Öffentliche Spiele waren der vielfach genutzte Anziehungspunkt aller Bevölkerungsschichten. An den sogenannten *Megalensia* gab es großartige Circusspiele und vor allem Theateraufführungen.

1.4.3. Die Anklage

↑Clodia zog mit Sicherheit im Hintergrund die Fäden gegen Caelius. Als versetzte Liebhaberin wollte sie Caelius einen Denkzettel verpassen. ↑Atratinus hatte vor, Caelius in die Parade zu fahren. Doch welche Anklage wurde dem ↑Praetor gegen Caelius offiziell eingereicht? Wie so vieles, ist auch dies bei dieser Rede recht verzwickt. Neben Atratinus hatten sich noch zwei Nebenkläger, ein gewisser Publius Clodius (nicht der ↑Volkstribun und Ciceros persönlicher Feind!) und Lucius Herrenius Balba, ein Freund des Calpurnius Bestia, offensichtlich aus persönlichen Gründen eingefunden. Diese standen der Verteidigung gegenüber, die sich aus Caelius selbst, ↑Crassus und Cicero zusammensetzte, die auch in dieser Reihenfolge sprachen. Atratinus hatte vor, Caelius nach den Gesetzen *De vi* (wegen Gewalttätigkeiten) und *De veneficis et sicariis* (gegen Giftmischer und Meuchelmörder) vor Gericht zu bringen. Der Anklage wurde dann aber offensichtlich nur nach der *lex Plotia de vi* (Gesetz gegen bewaffnete Aufruhr und Gewaltanwendung) stattgegeben (die Datierungsvorschläge für die Einbringung des Gesetzes reichen von 89 bis 65 v.Chr.). Es wird dann noch eine *lex Lutatia* von 78/77 des Konsuls Quintus Lutatius ↑Catulus erwähnt, die wohl bei Gewaltanwendungen Einzelner zur Anwendung kam. Wahrscheinlich wurde das ältere Gesetz, die *lex Plotia* eines ↑Volkstribunen namens Plotius, modifiziert, so dass damit auch die Fälle abgedeckt sein konnten, wenn zwar Einzelleute Gewalt anwandten, aber damit das öffentliche Interesse beeinträchtigt wurde.

Ein Verfahren nach der *lex Plotia* genoss aber immer noch eine solche Bedeutung, dass es ohne Verzögerung sogar an einem Festtag stattfand! Es stand also ziemlich viel auf dem Spiel. Dass danach auch Clodia aus dem öffentlichen Interesse verschwand, mag ein weiterer Beweis für die Brisanz dieses Gerichtsverfahrens sein. Der Fall sorgte für großes Aufsehen und bot mit Sicherheit einen großen Unterhaltungswert in Rom an diesem Frühlingstag.

Auch die literarische Nachwirkung der Rede *Pro Caelio* war in der Antike und ist noch in der modernen Forschung außerordentlich. Allein ↑Quintilian spricht sie in seiner *Institutio oratoria* mehr als dreißigmal an.

Dass Cicero das Amt der Verteidigung übernahm, mag politische Gründe gehabt haben. Die alte Freundschaft des Lehrmeisters zu seinem Schüler war zwischenzeitlich auf eine harte Probe gestellt worden. Da ja offensichtlich Clodia als eine Drahtzieherin hinter dem Verfahren stand, war es für Cicero eine Gelegenheit, gegen die verhasste Familie der Clodier vorzugehen. Cicero sah bekanntlich den Machtzusammenschluss ↑Caesars, des ↑Pompeius und des Crassus sehr ungern. Um dagegen noch einen handlungsfähigen Gegenpol aufbauen zu können, war Cicero vielleicht auch von dem sicherlich naiven

Gedanken getragen, gemeinsam mit einem Mann von der Begabung eines Caelius politisch etwas ausrichten zu können.

1.4.5. Gliederung der Rede

§§
1-2 *Prooemium*

Cicero spricht die ungewöhnliche Wahl des Gerichtstermins an und äußert unmissverständlich, dass Caelius vollkommen unschuldig sei. Er verweist auf die Motive, die der Ankläger ↑Atratinus und die „Dame" im Hintergrund, ↑Clodia, haben.

3-25 *Narratio, argumentatio (refutatio)*
(Der folgende Redeabschnitt lässt sich schwer in das System der antiken Rhetorik einordnen.)

3-18 Antworten an Atratinus (siebenteilig)

3-4 Dem Vorwurf, der eigene Vater, ein angesehener Ritter, habe Caelius gezürnt, wird widersprochen.

5-6 Auch die Mitbürger seiner Geburtsstadt sind auf Caelius gut zu sprechen. Um dies zu bezeugen, haben sie eine Abordnung nach Rom gesandt. Cicero selbst diente einmal eine solche Abordnung, um in Rom Fuß zu fassen.

6-9 Allgemein werden Vorwürfe zur schlechten Moral des Caelius widerlegt. Die Jugend des anklagenden Atratinus erlaube es Cicero nicht, ihn dafür anzugreifen. Caelius sei gegen alle Anfechtungen auf diese Art durch seine eigenen Skrupel geschützt. Zu Beginn seiner Zeit in Rom, sei Caelius auch von ↑Crassus und Cicero ausgebildet worden.

10-15 ↑Catilina konnte nicht gefährlich werden, da Caelius bis 63 in Ciceros Obhut war. Die Verführungskraft Catilinas sei dennoch so stark gewesen, dass auch Cicero selbst hätte gefährdet sein können. Außerdem habe Caelius mit Gaius ↑Antonius Hybrida einen Mann vor Gericht gebracht, der an Catilinas Verschwörung beteiligt gewesen sei.

16 Auch die Anklage wegen Amtserschleichung könne nicht korrekt sein, da Caelius selbst Bestia dafür vor Gericht gebracht habe.

17 Caelius habe keine Schulden. Clodius habe nur die Miete seiner Wohnung stark erhöht.

18 Caelius sei mit Einverständnis seines Vaters nach Rom gezogen. Die Wohnung auf dem Palatin hätte nur die schlechte Nebenwirkung gehabt, dass er seiner ↑„Medea", d.i. Clodia, nahe gekommen sei.

19-25 Antworten an einzelne Zeugen (vierteilig)

19 Caelius soll einen Senator (Quintus Fufius Calenus?) tätlich angegriffen haben. Dieser Vorwurf sei schon deshalb verdächtig, weil der Angegriffene nicht persönlich erscheint und seine Anklage offiziell vorbringt.

20 Caelius soll Frauen belästigt haben, die nachts von Partys heimgekehrt seien. Dazu gab es nie einen Versuch, sich außergerichtlich zu einigen.

20-22 Die Zeugen der Anklage seien unverlässlich, ihre Aussagen seien höchstwahrscheinlich durch Neid motiviert. Cicero hält sich nur an Tatsachen, er benötigt keine Zeugen.

23-25 Crassus hat folgende Anklagepunkte bereits in seinem Plädoyer widerlegt:
1. Aufruhr in Neapel;
2. Angriffe gegen die Gesandtschaft aus Alexandria (57 v.Chr., ↑Dion);
3. Beraubung einer gewissen Palla;
4. Beteiligung an der Ermordung ↑Dions.

25-69 *Argumentatio*

25-30 Einleitung: Lucius Herennius Balbus sprach über den Sittenverfall der heutigen Jugend und ging dabei zu weit, Vorwürfe gegen die Jugend im Allgemeinen auch unbestätigt und unbewiesen gegen Caelius vorzubringen.

30-50 *Probabile ex vita*

30-36 Hinter den Hauptanklagepunkten, Caelius habe sich Gold von Clodia beschafft, um einen Mörder zu verdingen, und Gift besorgt, um Clodia zu ermorden, steckt die enttäuschte Liebhaberin Clodia. Für die Charakterisierung Clodias bedient sich Cicero der ↑Prosopopoiie. Er lässt in der Fiktion seiner Rede Clodias ruhmreichen Vorfahren, den blinden Appius Claudius Caecus, auftreten. Dieser vergleicht Clodia mit all ihren Vorfahren und kommt zu dem Schluss, sie verrate gewissermaßen ihre Abkunft. Das Urteil des Appius verwirft Cicero, da er wohl als rigoroser alter Mann auch Kritik an Caelius üben würde. Unter Verwendung desselben Stilmittels lässt Cicero auch Clodias Bruder ↑Clodius auftreten. Der Rigorismus der älteren Generation kann ihm bestimmt nicht vorgeworfen werden, doch auch er würde gegen Clodias Beziehung mit Caelius vorgehen.

37-50 Charakterisierung des Caelius

37-8 Cicero vergleicht die Vorwürfe gegen Caelius mit einer Komödienhandlung. Einem strengen Vater einer ↑Caecilius-Komödie würde entgegnet, es sei sowieso alles nur Klatsch. Ein nachsichtiger Vater einer ↑Terenz-Komödie könnte davon überzeugt werden, dass alles von Clodia ausging.

39-43 Würde das nachsichtige Verhalten Ciceros kritisiert werden – dafür könnte Tugend und Tapferkeit von alten adligen Familien angeführt werden – müsste dieser Einspruch als altmodisch zurückgewiesen werden. Diese habe mit der Gegenwart nichts zu tun. Außerdem wären auch große Zeitgenossen in ihrer Jugend keine Kinder von Traurigkeit gewesen.

44-50 Die Rednerfähigkeit des Caelius spricht für sein fleißiges Studium, die Anschuldigungen müssen aus der Luft gegriffen sein. Clodia allein muss für die Anklage verantwortlich sein. Ihrem Zeugnis kann bei einem solchen Lebenslauf sowieso nicht vertraut werden. Cicero spielt auf ihren Lebenswandel an, der dem einer Prostituierten vergleichbar sei.

51-69 *Probabile ex causa*

51-5 Gold: Caelius soll von Clodia Gold bekommen haben, um es den Sklaven des ↑Lucceius mit dem Auftrag zu geben, den Abgeordneten aus Alexandria, ↑Dion, zu ermorden. Caelius habe erläutert, er benötige das Gold, um Spiele zu finanzieren. Dilemma: Hätte Caelius ihr die mutmaßliche Wahrheit gesagt, wäre Clodia eine Mitwisserin. Hätte er ihr etwas von Spielen gesagt, kann ihre Beziehung nicht so eng gewesen sein, dass Clodia auf seine Bitte eingehen könnte. Beide Varianten scheinen unmöglich. Es gibt keinen Grund und kein Motiv für Caelius, die Sklaven zu treffen und zu einem Mord anzustiften. Außerdem bezeuge auch Lucceius die Unschuld des Caelius. Die Clodier haben sich den Anklagepunkt ausgedacht.

56-69 Gift

56-8 Caelius verfügt über kein sinnvolles Motiv. Fragen zur Herkunft, Beschaffung und Übergabe des Giftes bleiben auch offen.

59-60 Cicero erinnert an die letzten Worte des Quintus ↑Metellus Celer, des Ehemanns Clodias, der seiner Furcht um die Zukunft der *res publica* Ausdruck verlieh. Er starb einen schnellen Gifttod. Ob Clodia damit in Verbindung stand, ist unbewiesen. Cicero zieht es in Betracht und rät Clodia, besser nicht so laut von schnell wirkenden Giften zu sprechen.

61-66 Das Gift soll Publius Licinius gegeben worden sein, einem Freund des Caelius. Dieser soll es an Clodias Sklaven weitergeleitet haben, die ihre Herrin gewarnt hätten. Clodia hätte diesen Treffpunkt, ein öffentliches ↑Bad, ausgewählt. Licinius sollte auf frischer Tat ertappt werden. Nun sei aber Licinius entkommen und Caelius von den Sklaven gefangen worden sein. Das sei doch alles eine Farce ohne vernünftige Handlung und ohne vernünftiges Ende.

66-67 Es gibt überhaupt keinen Anlass, Caelius zu verdächtigen. Die Aussagen von solchen Sklaven gehören nicht ins Gerichtsgebäude. Sie sollten bei ihren Gelagen bleiben.

68-69 Clodia schenkte ihren Sklaven die Freiheit. Dies geschah entweder aus dem Grund, sie als Komplizen zu belohnen, oder sie vor der Folterqual als Zeugen zu verschonen (Dilemma). Die Büchse mit dem Gift gab jedenfalls Anlass für einen obszönen Witz [Dieser ist leider unbekannt].

70-80 *Peroratio*

70-71 *Recapitulatio*: Das Gesetz gegen Gewalttätigkeit (*lex Plotia de vi*) ist für den Fall unangemessen. Caelius diesem auszusetzen, ist ein Verbrechen. Als Präzedenzfall für eine erweiterte Anwendung der *lex Plotia de vi* ist der Fall untauglich.

72-77 *Amplificatio*: Das gesamte Leben des Caelius zeigt ihn als höchst lernwilligen, eifrigen und ehrenwerten jungen Mann. Er zeichnete sich früh durch gewonnene Gerichtsprozesse aus, die er auch zum Unwillen Ciceros ausgefochten hat. Auf dem Palatin beendete Caelius ein Liebesverhältnis mit Clodia, was sie ihm sehr übel genommen hat.

77-80 *Commiseratio*: Man muss Caelius für das Wohl der †*res publica* bewahren. Publius Clodius, aufständisch und korrupt, wurde einst freigesprochen. Caelius muss auch für den redlichen und ehrenvollen alten Vater erhalten bleiben. Die vielversprechende Jugend des Caelius darf nicht einem falschen Urteil zum Opfer fallen. Die Römer werden noch ihren Nutzen aus dessen Arbeit ziehen.

1.4.5. Die moderne Rechtsprechung

Nach antiker Gesetzesgrundlage und erster Gliederung der Rede, wird jetzt der Versuch unternommen auszuloten, was einem Caelius nach heutigem Strafrecht drohen könnte, sofern er schuldig gesprochen werden würde. Dies ist natürlich als reines Gedankenspiel zu betrachten und zu werten. Es muss auch nochmals daran erinnert werden, dass wir aus der gesamten Gerichtsverhandlung mit der Rede *Pro Caelio* nur die letzte Verteidigungsrede vorliegen haben. Wir erfahren also alles nur durch die Brille eines wohlgesonnenen Verteidigers, so dass die Suche nach objektiven Wahrheiten erschwert ist.

1) Umsturzversuch in Neapel (*de seditionibus Neapolis*)
StGB §127 Bildung bewaffneter Gruppen: Freiheitsstrafe bis zu 2 Jahren oder Geldstrafe; falls die Absicht ein Umsturz ist s. 7)
Körperverletzung
§§223/ 224 gefährliche/ versuchte Körperverletzung
§231 Beteiligung an einer Schlägerei Freiheitsstrafe bis zu 3 Jahren oder Geldstrafe, wenn keine weiteren Vermögensinteressen vorliegen

2) Angriff gegen Gesandtschaft aus Alexandria (*de Alexandrinorum pulsatione*) [s. 4)]

3) Überfall auf Palla (*de bonis Pallae*)
StGB 224 Diebstahl
§249 Raub

4) Mord an ↑Dion (*De Dione*)
a) Beihilfe zum versuchten Mord
§27 Beihilfe, §22 Versuch
b) Beihilfe zum Mord
Asicius ist der „Täter", wurde aber freigesprochen, daher liegt keine Beihilfe seitens Caelius vor (vgl. Kap. 23).
c) Mordversuch
§211 Mord als Täter
5) Giftanschlag auf Clodia (*de veneno in Clodiam parato*)
Die Besorgung des Giftes ist straflos: straflose Vorbereitungshandlung (Strafbarkeit beginnt erst mit Versuch).
Anstiftung zum Mord/ Totschlag
StGB §26 Anstiftung: gleich einem Täter bestraft
Mord oder Totschlag: je nachdem, ob die Mordmerkmale erfüllt sind

6) Wählerbestechung (*de ambitu*)
StGB §108b

7) Catilinarismus
Umsturzversuch, Landesverrat, Hochverrat
StGB §§81-83 (83: Vorbereitung eines hochverräterischen Unternehmens)

Die entsprechenden Paragraphen des Strafgesetzbuches lauten folgendermaßen:

Die Tat
Versuch
§22. Begriffsbestimmung. Eine Straftat versucht, wer nach seiner Vorstellung von der Tat zur Verwirklichung des Tatbestandes unmittelbar ansetzt.

Täterschaft und Teilnahme
§26. Anstiftung. Als Anstifter wird gleich einem Täter bestraft, wer vorsätzlich einen anderen zu dessen vorsätzlich begangener rechtswidriger Tat bestimmt hat.
§27. Beihilfe. (1) Als Gehilfe wird bestraft, wer vorsätzlich einem anderen zu dessen vorsätzlich begangener rechtswidriger Tat Hilfe geleistet hat. (2) Die Strafe für den Gehilfen richtet sich nach der Strafdrohung für den Täter. Sie ist nach §49 Abs. 1 zu mildern.

Hochverrat

§81. Hochverrat gegen den Bund. (1) Wer es unternimmt, mit Gewalt oder durch Drohung mit Gewalt

1. den Bestand der Bundesrepublik Deutschland zu beeinträchtigen oder
2. die auf dem Grundgesetz der Bundesrepublik Deutschland beruhende verfassungsmäßige Ordnung zu ändern,

wird mit lebenslanger Freiheitsstrafe oder mit Freiheitsstrafe nicht unter zehn Jahren bestraft.

(2) In minder schweren Fällen ist die Strafe Freiheitsstrafe von einem Jahr bis zu zehn Jahren.

§82. Hochverrat gegen ein Land. (1) Wer es unternimmt, mit Gewalt oder durch Drohung mit Gewalt

1. das Gebiet eines Landes ganz oder zum Teil einem anderen Land der Bundesrepublik Deutschland einzuverleiben oder einen Teil eines Landes von diesem abzutrennen oder
2. die auf der Verfassung eines Landes beruhende verfassungsmäßige Ordnung zu ändern,

wird mit Freiheitsstrafe von einem Jahr bis zu zehn Jahren bestraft.

(2) In minder schweren Fällen ist die Strafe Freiheitsstrafe von sechs Monaten bis zu fünf Jahren.

§83. Vorbereitung eines hochverräterischen Unternehmens. (1) Wer ein bestimmtes hochverräterisches Unternehmen gegen den Bund vorbereitet, wird mit Freiheitsstrafe von einem Jahr bis zu zehn Jahren, in minder schweren Fällen mit Freiheitsstrafe von einem Jahr bis zu fünf Jahren bestraft. (2) Wer ein bestimmtes hochverräterisches Unternehmen gegen ein Land vorbereitet, wird mit Freiheitsstrafe von drei Monaten bis zu fünf Jahren bestraft.

§83a. Tätige Reue. (1) In den Fällen der §§81 und 82 kann das Gericht die Strafe nach seinem Ermessen mildern (§ 49 Abs. 2) oder von einer Bestrafung nach diesen Vorschriften absehen, wenn der Täter freiwillig die weitere Ausführung der Tat aufgibt und eine von ihm erkannte Gefahr, daß andere das Unternehmen weiter ausführen, abwendet oder wesentlich mindert oder wenn er freiwillig die Vollendung der Tat verhindert.

(2) In den Fällen des §83 kann das Gericht nach Absatz 1 verfahren, wenn der Täter freiwillig sein Vorhaben aufgibt und eine von ihm verursachte und erkannte Gefahr, daß andere das Unternehmen weiter vorbereiten oder es ausführen, abwendet oder wesentlich mindert oder wenn er freiwillig die Vollendung der Tat verhindert.

(3) Wird ohne Zutun des Täters die bezeichnete Gefahr abgewendet oder wesentlich gemindert oder die Vollendung der Tat verhindert, so genügt sein freiwilliges und ernsthaftes Bemühen, dieses Ziel zu erreichen.

§108b. Wählerbestechung. (1) Wer einem anderen dafür, daß er nicht oder in einem bestimmten Sinne wähle, Geschenke oder andere Vorteile anbietet, verspricht oder gewährt, wird mit Freiheitsstrafe bis zu fünf Jahren oder mit Geldstrafe bestraft. (2) Ebenso wird bestraft, wer dafür, daß er nicht oder in einem bestimmten Sinne wähle, Geschenke oder andere Vorteile fordert, sich versprechen lässt oder annimmt.

§127. Bildung bewaffneter Gruppen. Wer unbefugt eine Gruppe, die über Waffen oder andere gefährliche Werkzeuge verfügt, bildet oder befehligt oder wer sich einer solchen Gruppe anschließt, sie mit Waffen oder Geld versorgt oder sonst unterstützt, wird mit Freiheitsstrafe bis zu zwei Jahren oder mit Geldstrafe bestraft.

§211. Mord. (1) Der Mörder wird mit lebenslanger Freiheitsstrafe bestraft. (2) Mörder ist, wer aus Mordlust, zur Befriedigung des Geschlechtstriebs, aus Habgier oder sonst aus niedrigen Beweggründen, heimtückisch oder grausam oder mit gemeingefährlichen Mitteln oder um eine andere Straftat zu ermöglichen oder zu verdecken, einen Menschen tötet.

§223. Körperverletzung. (1) Wer eine andere Person körperlich mißhandelt oder an der Gesundheit schädigt, wird mit Freiheitsstrafe bis zu fünf Jahren oder mit Geldstrafe bestraft. (2) Der Versuch ist strafbar.

§224. Gefährliche Körperverletzung. (1) Wer die Körperverletzung
   1. durch Beibringung von Gift oder anderen gesundheitsschädlichen Stoffen,
   2. mittels einer Waffe oder eines anderen gefährlichen Werkzeugs,
   3. mittels eines hinterlistigen Überfalls,
   4. mit einem anderen Beteiligten gemeinschaftlich oder
   5. mittels einer das Leben gefährdenden Behandlung
begeht, wird mit Freiheitsstrafe von sechs Monaten bis zu zehn Jahren, in minder schweren Fällen mit Freiheitsstrafe von drei Monaten bis zu fünf Jahren bestraft. (2) Der Versuch ist strafbar.

§231. Beteiligung an einer Schlägerei. (1) Wer sich an einer Schlägerei oder an einem von mehreren verübten Angriff beteiligt, wird schon wegen dieser Beteiligung mit Freiheitsstrafe bis zu drei Jahren oder mit Geldstrafe bestraft, wenn durch die Schlägerei oder den Angriff der Tod eines Menschen oder eine schwere Körperverletzung (§226) verursacht worden ist. (2) Nach Absatz 1 ist nicht strafbar, wer an der Schlägerei oder dem Angriff beteiligt war, ohne daß ihm dies vorzuwerfen ist.

§249. Raub. (1) Wer mit Gewalt gegen eine Person oder unter Anwendung von Drohungen mit gegenwärtiger Gefahr für Leib oder Leben eine fremde bewegliche Sache einem anderen in der Absicht wegnimmt, die Sache sich oder einem Dritten rechtswidrig zuzueignen, wird mit Freiheitsstrafe nicht unter einem Jahr bestraft. (2) In minder schweren Fällen ist die Strafe Freiheitsstrafe von sechs Monaten bis zu fünf Jahren.

Frage

> Einen in Rom schuldig gesprochenen Angeklagten erwarten Strafen wie: Geld-, Prügel-, Todesstrafe, Ächtung, Entziehung des Bürgerrechts und Verbannung. Was Caelius für die einzelnen Untaten bekommen hätte, ist kaum zu ermitteln (vermutlich Verbannung mit Entziehung des Bürgerrechts). Was stellen Sie bei einem Vergleich der modernen Strafmaße gegenüber den antiken fest?

1.4.6. Caelius, Catull, Lesbia

Zur gleichen Generation wie Caelius gehörte auch der römische Lyriker ↑Catull. Es handelt sich um eine Zeit, in der (vielleicht typisch für das Ende von als historischen Epochen gefassten Zeiträumen) die alte ↑*res publica* und ihre oft beschworenen Werte längst dem Untergang geweiht waren. Es gab Raum für andere Fähigkeiten, die einem Erfolg in der Öffentlichkeit bescheren konnten. Weniger mit Blick auf das Wohl der Gemeinschaft als auf den persönlichen Vorteil bildeten sich Charaktereigenschaften heraus, wie wir sie oben bei Caelius schon kennen gelernt haben.

Der Fokus wurde auf die Frage gelenkt, wie man am besten im Rampenlicht stehen könne. Der „früh vollendete" Catull (87 bis ca. 55 v.Chr.) zeigte dies durch seine Abwendung vom bis dahin beherrschenden Stil der Dichtung. Die großen Dichtungsformen beherrschten nämlich noch immer die literarische Welt im 1. Jh.v.Chr.; man denke an das Epos oder die Dramen. In Nachahmung des hellenistischen Dichters ↑Kallimachos (ca. 305-240 v.Chr.) bevorzugte die Gruppe um Catull das kurze, fein ausgearbeitete Gedicht, das auch oft in prägnanter Form Möglichkeiten zur Kritik am Tagesgeschehen, politisch oder gesellschaftlich, bot. Für einen Teil seiner Liebesgedichte machte er sich eine Lesbia zur Angebeteten, die in Anlehnung an die große griechische Dichterin Sappho, auf der Insel Lesbos heimisch, erfunden gewesen sein mag oder doch ein reales Gegenbild in der römischen Gesellschaft hatte, also eine wirkliche Geliebte des Dichters war. Man denkt an die von Cicero viel geschmähte ↑Clodia. In seinen Gedichten 58 und 77 erwähnt Catull eine Person, einmal Caelius, einmal Rufus, die an unseren Marcus Caelius Rufus erinnern kann. (Der Catulltext folgt der Ausgabe von Mynors.)

LVIII. *ad Marcum Caelium Rufum* (?)	Gedicht 58 an Marcus Caelius Rufus
Caeli, Lesbia nostra, Lesbia illa, illa Lesbia, quam Catullus unam plus quam se atque suos amavit omnes, nunc in quadriuiis et angiportis glubit magnanimi Remi nepotes.	Caelius, unsere Lesbia, jene Lesbia, jene Lesbia, die Catull als einzige mehr geliebt hat als sich und alle seine An- gehörigen, befriedigt jetzt in den Gassen und Hinterhöfen des ruhm- reichen Remus Nachkommen.

LXXVII. *ad Rufum*	Gedicht 77 an Rufus
Rufe, mihi frustra ac nequiquam credite amice 　(frustra? immo magno cum pretio atque malo), sicine subrepsti mi, atque intestina perurens 　ei misero eripuisti omnia nostra bona? Eripuisti, heu heu nostrae crudele venenum 　vitae, heu heu nostrae pestis amicitiae.	Rufus, vergeblich und umsonst hielt ich dich für einen Freund, (vergeblich? nein, für einen hohen Preis und zu meinem Leid) hast du dich etwa so bei mir eingeschlichen, und mir ach, die Eingeweide verbrennend, alle Güter entrissen? Entrissen, o weh, o weh, du grausames Gift meines Lebens, o weh, o weh, du Pest unserer Freundschaft!

Der Anlass, weshalb überhaupt an diese Zusammenhänge gedacht wurde, ist in einem anderen Text nachzulesen. ↑Apuleius (ca. 125-170 n.Chr.) schreibt in seiner Schrift *Apologia* (c. 10): *Eadem igitur opera accusent C. Catullum, quod Lesbiam pro Clodia nominarit.* (Dieselben Werke können auch Gaius Catullus anklagen, weil er sie Lesbia anstelle von Clodia nannte.) Der Zusammenhang tut hier nicht viel zur Sache, entscheidend ist die Wendung *Lesbiam pro Clodia*. Aus dieser Junktur, viel später verfasst, entwickelte sich mit viel Forscherehrgeiz das spätere Herumdoktern an den Gedichten, um nur soviel wie möglich an Gemeinsamkeiten zwischen den historischen Personen Caelius und Catull, sowie zwischen Clodia und Lesbia in die Gedichte hineinzulesen. Das Gerücht, der scharfzüngige Aufsteiger Caelius sei Rivale des Dichters Catull, der dann das Objekt ihrer beider Liebe in unvergessene Gedichte an eine Lesbia-Clodia hüllt, ist an und für sich auch viel zu schön, um wahr zu sein.

Frage

Suchen Sie in den beiden angegebenen Catull-Gedichten dennoch nach Hinweisen, die auf eine Identität von Catulls Lesbia und Ciceros Clodia hindeuten könnten!

1.4.7. Cicero und die Komödie

Eine Gerichtsrede soll in erster Linie dazu dienen, ein Richtergremium zu überzeugen. Neben den zuvor beschriebenen stilistischen und rhetorischen Mitteln setzte Cicero dafür auch vielerlei Facetten des gesellschaftlichen Spektrums und der Literatur ein. Das Drama, das Schauspiel, die Komödie im Besonderen, klingt in *Pro Caelio* vielerorts und auf unterschiedliche Weise an. Diese Einbindung eines spezifischen literarischen Genres wird durch den Gerichtstermin, einen Tag, an dem die Römer normalerweise Theateraufführungen besuchen, motiviert gewesen sein.

Außer einer solchen Anmerkung am Anfang der Rede (1) erinnert Cicero an die Komödie aber noch durch Zitate aus Komödien (37-39 ↑Caecilius und ↑Terenz *Adelphoe* 120f.; 61: Terenz *Andria* 126) und, was vielleicht künstlerisch als besonders hoch einzustufen ist, auch durch die *dramatis personae* der Rede. Die Figuren der römischen Komödie waren dem Zuschauer einer solchen Gerichtsverhandlung gegenwärtig. Neben Vater, Sklaven und Kupplern mit bestimmten Charakteristika tauchte in den Komödien auch meist ein Sohn aus guten Verhältnissen mit Geldnöten auf. Dabei hat er sich in Schulden verstrickt durch eine verbotene Liebschaft mit einer Hetäre, einer Prostituierten, die er freikaufen möchte. Anklänge an die „Hauptdarsteller" seiner Rede versucht Cicero zumindest anklingen zu lassen. Er spielt Theater mit Caelius, dem Sohn aus guten Verhältnissen, und ↑Clodia, die er ständig in die Nähe des Rotlichtmilieus rückt.

Im weiteren Verlauf der Rede lässt er aber auch im Stile des sittenstrengen Vaters Appius Claudius Caecus, einen Vorfahren Clodias, auftreten. Cicero spielt dabei mit den beiden Textsorten Komödie und Gerichtsrede und dem Umstand, dass sie nichts miteinander zu tun haben dürften.

Cicero tritt aber auch noch als Theaterregisseur auf. Er vergleicht einen der beiden Hauptanklagepunkte, die Übernahme des Gifts in der Büchse (*pyxis, idis* f.), mit einem Schauspiel, muss dabei aber einlenken, dass es sich noch nicht einmal um eine Komödie handelt, dafür sei die Handlungsstruktur zu schlecht. Auch die Themenwahl sei wenig überzeugend.

Zum einen werden also Anklagepunkte auf der Ebene des Schauspiels verhandelt, zum anderen und das erste noch übersteigernd reicht es bei diesen Anklagepunkten noch nicht einmal für die Qualität eines guten Schauspiels.

Cicero setzt also seine Rede *Pro Caelio* in einen engen Bezug zum Schauspielerischen, zum Schauspielhaften.

1.4.8. Literaturverzeichnis (in Auswahl)

Ausgaben, Kommentare und Übersetzungen

Gaius Iulius Caesar. Commentarii rerum gestarum. Vol. 2: Commentarii belli civilis. Ed. A. Klotz, Leipzig [2]1969.

Gaius Valerius Catullus. Carmina. Ed. Roger Mynors. Oxford (1958) [9]1989

Marcus Tullius Cicero. Pro M. Caelio oratio. Ed. and comm. by Roland Austin. (London 1933) [3]Oxford 1991

Cicerone. In difesa di Marco Celio. A cura di Alberto Cavarzere. Venezia 1982

Cicero. Pro Caelio. Ed. and comm. by Stephen Ciraolo. Wauconda, Ill. (1999) [3]2003

Marcus Tullius Cicero. Orationes. T. 1: Pro Sex. Roscio. De imperio Cn. Pompei. Pro Cluentio. In Catilinam. Pro Murena. Pro Caelio. Ed. Albert Clark. Oxford (1905) [17]1992

Discours Cicéron. T. 15. Pour Caelius. Sur les provinces consulaires. Pour Balbus. Texte établi et trad. par Jean Cousin. Paris (1962) [4]2002

Cicero. Pro Caelio, Ed. Walter Englert, Bryn Mawr 1990

Marcus Tullius Cicero. Sämtliche Reden. Ausgabe in sieben Bänden. T. 6. Übers. von Manfred Fuhrmann, Zürich (1980) [3]2000 (Die Bibliothek der Alten Welt: Römische Reihe)

Marcus Tullius Cicero. Pro M. Caelio oratio. Rede für Marcus Caelius. Hg. und übers. von Marion Giebel. Stuttgart 1994

Marcus Tullius Cicero. Scripta quae manserunt omnia. Fasc. 23: Orationes in P. Vatinium testem. Pro M. Caelio. Ed. Tadeusz Maslowski. Stuttgart/Leipzig 1995

M. Tulli Ciceronis Oratio pro M. Caelio, Ed. Jakobus van Wageningen, Groningen 1908

Marcus Tullius Cicero. Epistulae ad familiares. Libri I-XVI. Ed. D.R. Shackleton Bailey, Stuttgart 1988.

Sextus Iulius Frontinus. De aquaeducto urbis Romae. Ed. C. Kunderewicz, Leipzig 1973.

Valerius Maximus. Factorum et dictorum memorabilium libri IX. Ed. C. Kempf, Leipzig 1888.

Lucius Aenaeus Seneca. Dialogorum libri XII. Ed. L.D. Reynolds, Oxford 1977.

Publius Cornelius Tacitus. Libri qui supersunt. T.2. Fasc.1: Germania, Agricola, Dialogus de oratoribus. Ed. E. Koestermann, Leipzi 1964.

Sekundärliteratur

Adamik, Tamás: Catullo e Cicerone: il carme 49, ACD 25 (1989), 67-72

Arcellaschi, André: Sur trois aspects comparés de l'art oratoire et de l'art dramatique, Vita Latina 100 (1985), 26-34

Ders.: Le Pro Caelio et le théâtre, REL 75 (1997), 78-91

Bush, Archie: A use of the term frater in the Pro Caelio, CJ 82 (1986), 37-39

Cavarzere, Alberto: La lex Plautia de vi nello specchio deformante della Pro Caelio di Cicerone, in: Atti del III seminario romanistico gardesano, 22-25 ottobre 1985. Mailand 1988, 233-250

Ciaceri, Emanuele: Il processo di M. Celio Rufo e l'arringa di Cicerone, Atti della Reale Accademia di Archeologia, Lettere e Belle Arti, Napoli, n.s. 11 (1929-1930) 1-24

Classen, Carl Joachim: Ciceros Rede für Caelius, in: ANRW, Teil I, Bd. 3. Hg. von Hildegard Temporini u.a. Berlin/New York 1973, 60-94

Cloud, Duncan: Quaestiones, in: The Cambridge Ancient History. Vol. IX: The Last Age of the Roman Republic, 146-43 B.C. Ed. by Andrew Lintott u.a. Cambridge 1994, 505-530

Craig, Christopher: Form as argument in Cicero's speeches: a study of dilemma. Atlanta 1993 (American classical studies 31)

Ders.: Reason, Resonance, and Dilemma in Cicero's Speech for Caelius, Rhetorica 7 (1989), 313-328

Dorey, Thomas: Cicero, Clodia, and the Pro Caelio, Greece & Rome 27 (1958), 175-80

Drexler, Hans: Zu Ciceros Rede pro Caelio, Nachrichten von der Akademie der Wissenschaften in Göttingen, Philologisch-Historisches Klasse 1944 (1944), 1-32

Dumont, Jean-Christian: Cicéron et le théâtre, in: Actes du IX Congrès de l'Association Guillaume Budé, Rome 13-18 avril, 1973, Paris 1975, 424-30

Dyck, Andrew: Clodius, amicus meus: Cic. Cael. 27, Historia 54 (2005), 349-350

Fuhrmann, Manfred: Cicero und die römische Republik. Eine Biographie. (München 1989) Düsseldorf [6] 2006

Fyntikoglou, Vasiles: Theatro kai politiki ston „Pro Caelio", EEThess(philol) 8 (1999), 47-122

Geffcken, Katherine: Comedy in the Pro Caelio. (Leiden 1973) Wauconda, Ill. [2]1995

Gelzer, Matthias: Cicero, ein biographischer Versuch. Wiesbaden (1969) [2]1983 (= RE VII A (1939), Sp. 827-1091)

Gotoff, Harold: Cicero's analysis of the prosecution speeches in the Pro Caelio. An exercise in practical criticism, CPh 81 (1986), 122-132

Guerrero Contreras, Carmen: La juventud romana en el Pro Caelio de Cicerón, EClás 118 (2000), 27-49

Heinze, Richard: Ciceros Rede pro Caelio, Hermes 60 (1925), 193-258

Klodt, Claudia: Prozessparteien und politische Gegner als dramatis personae. Charakterstilisierung in Ciceros Reden, in: Studium declamatorium. Untersuchungen zu Schulübungen und Prunkreden von der Antike bis zur Neuzeit. Hg. von Bianca-Jeanette Schröder und Jens-Peter Schröder, München/Leipzig 2003, S. 35-106

Krafft, Peter: Orientierung klassische Philologie. Was sie kann, was sie will. Reinbek 2001 (Rowohlts Enzyklopädie 55616)

Lee, Anne: Clodia Oppugnatrix. The Domus Motif in Cicero's Pro Caelio, CJ 96 (2000-2001), 141-162

Leigh, Matthew: The Pro Caelio and comedy, CPh 99 (2004), 300-335

Lindersky, Jerzy: Ciceros Rede Pro Caelio und die Ambitus- und Vereins- gesetzgebung der ausgehenden Republik, Hermes 89 (1961), 106-19

Lintott, Andrew: Violence in Republican Rome. Oxford (1968) [2]1999

Loutsch, Claude: Remarque sur la publication du Pro Caelio de Cicéron, in: Parole, Media, Pouvoir dans l' Occident Romain. Hommages offerts au Professeur Guy Achard rassemblés. Ed. par Marie Letendu, Paris 2007, 53-74

Ders.: Zu Ciceros Pro Caelio, LCM IX (1984), 116-118

Lovera, F.: Questioni riguardanti il processo de vi di M. Celio Rufo e l'orazione di Cicerone, Il Mondo Classico 6 (1936), 167-78

MacKendrick, Paul: The speeches of Cicero: context, law, rhetoric. London 1995

James May (Ed.): Brill's Companion to Cicero. Oratory and Rhetoric. Leiden u.a. 2002

Ders.: Patron and client, father and son in Cicero's Pro Caelio, CJ 90 (1994- 1995), 433-441

Møller Jensen, Brian: Medea, Clytemnestra and Helena, Eranos 101 (2003), 64- 72

Monda, Salvatore: Le citazioni di Cecilio Stazio nella Pro Caelio di Cicerone, GIF 50 (1998), 23-39

Moretti, Gabriella: Lo spettacolo dello pro Caelio: oggetti di scena, teatro e per- sonaggi allegorici nel processo contre Marco Celio, in: Lo spettacolo della giustizia: le orazioni di Cicerone. A cure di Gianna Petrone e Alfredo Casamento. Palermo 2006, S. 139-64 (Leuconoe. L' invenzione dei classici 10)

Norden, Eduard: Aus Ciceros Werkstatt. in: Sitzungsberichte der Königlich Preußischen Akademie der Wissenschafen. Berlin 1913, 2-32

Pacitti, Guerino: Cicerone al processo di M. Celio Rufo, in: Atti I Congresso Internazionale di Studi Ciceroniani, vol. 2, Rom 1961, 67-79

Powell, Jonathan and Jeremy Paterson (Eds.): Cicero. The Advocate. Oxford 2004

Ramage, Edwin: Clodia in Cicero's Pro Caelio, in: Classical Texts and Their Traditions: Studies in Honor of C. R. Trahman, ed. D.R. Bright and E.S. Ramage Chico 1984, 201-11

Ders.: Strategy and methods in Cicero's Pro Caelio, A&R 30 (1985), 1-8

Prill, Paul: Cicero in theory and practice. The securing of good will in the exordia of five forensic speeches, Rhetorica 4 (1986), 93-109

Reitzenstein, Richard: Ciceros Rede für Caelius, Nachrichten von der Akademie der Wissenschaften in Göttingen, Philologisch-Historische Klasse 1925, 25- 32

Richter-Reichhelm, Joachim: Compendium Scholare Troporum et Figurarum. Schmuckformen Literarischer Rhetorik. Systematik und Funktion der wichtigsten Tropen und Figuren. Ein Kompendium für Unterricht und Selbststudium. Frankfurt a.M. 1988

41

Salzmann, Michele: Cicero, the Megalenses and the Defense of Caelius, AJP 103 (1982) 299-304

Schröder, Joachim: Überredungskünste. Cicero, Pro Caelio 31-36, AU 39 (1/1996), 37-51

Serrato Garrido, Mercedes: Clodia en Cicerón, Anales de la Univ. de Cadiz 2 (1985), 123-134

Shackleton Bailey, David: Cicero and Early Latin Poetry, ICS 8 (1983), 239-49

Skinner, Marylin: The Contents of Caelius' pyxis, CW 75 (1982), 243-245

Stöger, Thomas: Ciceros Verteidigungsrede für Caelius, Unterrichtsmodell zu Roma III, Kap. 34, Zeile 1-6, Anregung 35 (1989), 179-185

Stroh, Wilfried: Taxis und Taktik. Die advokatische Dispositionskunst in Ciceros Gerichtsreden. Stuttgart 1975

Sutton, Dana: Cicero on minor dramatic forms, Symbolae Osloenses 49 (1984), 29-36

Swarney, Paul. Social status and social behavior as criteria in judicial proceedings in the late Republic, in: Law, politics and society in the ancient Mediterranean world. Ed. by Baruch Halpern und Deborah Hobson. Sheffield 1993, S. 137-155

Trabert, Karlheinz: Frauengestalten aus dem alten Rom. Zum zweiten Kurshalbjahr des Leistungskurses Latein, Anregung 25 (1979), 76-80

Volpe, Michael: The Persuasive Force of Humor: Cicero's Defense of Caelius, Quarterly Journal of Speech 63 (1977), 311-323

Wiseman, Timothy: Catullus and His World. A Reappraisal. Cambridge (1985) [8]2000

Ders.: Cicero, Pro Caelio 47: A matter of punctuation, LCM 9 (1984), 12.

Wilson, Joseph: Three non-uses of frater in Pro Caelio 32, *CJ* 88 (1988), 207-211

Wright, Frederick: Cicero and the Theater. Northampton 1931

Zillinger, Wilhelm: Cicero und die altrömischen Dichter. Würzburg 1911

2. Text und Kommentar

Der Text folgt der Ausgabe von Austin (s. 1.4.8.). Im Kommentar wird folgendermaßen verfahren:

1) Verben werden im Infinitiv angegeben, die Stammformen nur, wo sie zum Erkennen der Form unumgänglich sind.

2) Von Substantiven werden immer Genitiv und Genus angezeigt (Ausnahmen: reguläre Fälle der a-/o-Deklination, also statt *amicus, i* m. bzw. *amica, ae* f. nur *amicus* bzw. *amica*; bei Neutra auf *–ium* stehen z.T. Genetiv und Genus).

3) Dreiendige Adjektive der a-/o-Deklination stehen im maskulinen Nominativ Singular (also nur *amicus*); bei dreiendigen Adjektiven der konsonantischen Deklination, z.B. *acer, acris, acre*, werden alle drei Genera angegeben; bei zweiendigen sind alle 3 Genera angegeben (also z.B. *fortis, is, e*); bei einendigen steht auch der Genetiv Singular (also z.B. *petulans, antis*).

4) Namen etc. werden im Sinne eines flüssigeren Lesens des Kommentars nur kurz erklärt. Für ausführlichere Anmerkungen sei auf den Anhang verwiesen.

5) Folgende Abkürzungen werden neben den allgemein üblichen verwendet:

K	Konstruktion, d.h. der syntaktische Aufbau des Satzes wird erläutert.
RSA	relativischer Satzanschluss
erg.	Ergänzen Sie!
v.	von (bezeichnet die Grundform eines Wortes)
^	bezeichnet einen langen Vokal (z.B.: ô)
~	‚entspricht'

6) Angaben zur Wortart (Adverb, o.ä.) beziehen sich auf das Lateinische.

1. [1]-[2] Proömium

Cicero stellt zu Beginn seiner Rede Für Caelius *den Richtern die Ungewöhnlichkeit der Situation vor Augen: Obwohl Festtage sind und öffentliche Spiele, die* Ludi Megalenses, *stattfinden, kommt es dennoch zu einer Gerichtsverhandlung. Überdies seien eher zweifelhafte Motivationen seitens der Ankläger im Spiel.*

[1] Si quis, iudices, forte nunc adsit ignarus legum, iudiciorum, consuetudinis nostrae, miretur profecto, quae sit tanta atrocitas huiusce causae, quod diebus festis ludisque publicis, omnibus forensibus negotiis intermissis unum hoc iudicium exerceatur, nec dubitet, quin tanti facinoris reus arguatur, ut eo neglecto civitas stare non possit; idem cum audiat esse legem, quae de seditiosis consceleratisque civibus, qui armati senatum obsederint, magistratibus vim attulerint, rem publicam oppugnarint, cotidie quaeri iubeat: legem non improbet, crimen quod versetur in iudicio, requirat; cum audiat nullum facinus, nullam audaciam, nullam vim in iudicium vocari, sed adulescentem illustri ingenio, industria, gratia accusari ab eius filio, quem ipse in iudicium et vocet et vocarit, oppugnari autem opibus meretriciis, illius pietatem non reprehendat, muliebrem libidinem comprimendam putet, vos laboriosos existimet, quibus otiosis ne in communi quidem otio liceat esse.

ignarus (+ Gen.): unwissend – **mirari:** (Dep.) sich wundern (Modus hier?) – **profecto:** (Adv.) in der Tat – **atrocitas, atis f.:** Schrecklichkeit – **huiusce:** *huius* + verstärkendes *-ce* – **diebus festis... intermissis:** Welche Konstruktion liegt vor? (Fall beachten!) – **exercere:** ausführen – **dubitare + quin:** zweifeln, dass – **arguere (+ Gen.):** anklagen – **eo neglecto:** Welche Konstruktion liegt vor? (Fall beachten!) – **stare:** bestehen – **quae:** der Relativsatz wird mit *cotidie quaeri iubeat* fortgesetzt – **seditiosus:** aufständlerisch – **vim afferre (+ Dat.):** jmd. Gewalt antun – **quaerere:** gerichtliche Untersuchungen abhalten – **iubeat:** Konjunktiv im Relativsatz – **improbare:** missbilligen (hier mit Verneinung: Stilmittel?) – **versari in iudicio:** vor Gericht verhandelt werden – **requirere:** erfragen (hier mit indirektem Fragesatz!) – **illustri ingenio, industria, gratia:** *Ablativus qualitatis* – **in iudicium vocare:** vor Gericht bringen – **vocet... vocarit:** Modus und Zeitstufe beachten! – **ops, opis f.:** (hier:) Machenschaften – **meretricius:** zwielichtig (wörtl. „dirnenhaft", bezogen auf ↑Clodia!) – **illius:** gemeint ist ↑Atratinus, der 17-jährige Hauptankläger des Caelius; dieser hatte gegen Atratinus' Vater eine Anklage geplant, weshalb Atratinus ihm mit diesem Prozeß zuvorkommen wollte – **libido, inis f.:** Begierde – **muliebris, is, e:** weiblich – **comprimere:** unterdrücken; erg. *esse* (Gerundivum als Prädikatsnomen mit *esse*!) – **quibus otiosis:** *quibus* ist Bezugswort zu *liceat*. Das Prädikatsnomen *otiosis* steht dazu in KNG-Kongruenz = *quibus liceat otiosis esse*.

a) Cicero legt hier bereits den Rahmen für die Struktur seiner Verteidigungsrede fest und erzeugt beim Publikum eine Erwartungshaltung. Skizzieren Sie die darauf verweisenden Hauptgesichtspunkte! Dabei sind z.b. stilistische Merkmale und die Charakterisierung der Beteiligten zu bedenken.

b) Ein stilistisches Merkmal, die sogenannte Apostrophe, stellt ↑Quintilian ausführlich vor (*Institutio oratoria* 9.2.38-39): „Auch die Rede, die sich vom Richter wegwendet, die sogenannte *apostrophē*, macht erstaunlichen Eindruck, ob wir nun gegen die Gegenseite unmittelbar losbrechen [...], oder ob wir uns zu einer Art Anrufung wenden [...]. Aber auch die Form heißt Apostrophe, die den Hörer von der vorliegenden Frage ablenkt, [...]. Dies lässt sich in zahlreichen, abwechselnden Figuren erreichen, wenn wir etwa so tun, als hätten wir etwas anderes erwartet oder etwas Schlimmeres gefürchtet oder es könne Ahnungslosen als bedeutender erscheinen, so wie es im Prooemium der *Rede für Caelius* sich findet." Wenden Sie diese Erläuterung für die Analyse des Prooms an! Welche Äußerungen Ciceros meint Quintilian genau?

[2] Etenim si attendere diligenter, existimare vere de omni hac causa volueritis, sic constituetis, iudices, nec descensurum quemquam ad hanc accusationem fuisse, cui, utrum vellet, liceret, nec, cum descendisset, quicquam habiturum spei fuisse, nisi alicuius intolerabili libidine et nimis acerbo odio niteretur. Sed ego Atratino, humanissimo atque optimo adulescenti meo necessario, ignosco, qui habet excusationem vel pietatis vel necessitatis vel aetatis. Si voluit accusare, pietati tribuo, si iussus est, necessitati, si speravit aliquid, pueritiae. Ceteris non modo nihil ignoscendum, sed etiam acriter est resistendum.

volueritis: Modus und Zeitstufe in Relation zu *constuetis* bestimmen! – **attendere:** aufmerksam zuhören – **existimare:** urteilen – **constituere:** feststellen – **descensurum... fuisse:** Irrealis im AcI, in direkter Rede hieße es: *nec descensisset quisquam* – **ad accusationem descendere:** die Anklage übernehmen – **habiturum fuisse:** vgl. oben zu *descensurum fuisse* – **nimis:** allzu – **niti (+ Abl.):** sich stützen auf etw. – **ignoscere (+ Dat.):** verzeihen – **excusationem habere (+ Gen.):** eine Entschuldigung hinsichtlich/ durch etw. haben – **pietas, atis f.:** Loyalität – **necessitas, atis f.:** Pflichtgefühl – **tribuere (+ Dat.):** zuschreiben – **non modo... sed etiam:** nicht nur, sondern auch – **resistere (+ Dat.):** widerstehen, nd-Form mit *esse*!

a) Cicero scheint ↑Atratinus sehr vorsichtig zu behandeln. Welche Gründe liegen für diese auffällige Verhaltensweise des Rechtsanwalts gegenüber einem der Ankläger vor? Eine mögliche Antwort legt ↑Quintilian nahe (*Institutio oratoria* 11.1.68): „Zuweilen ziemt sich auch gegen niedriger Stehende und besonders gegen junge Leute schonendes Vorgehen oder doch ein solcher Anschein. Solche Mäßigung zeigt Cicero in seiner ‚Rede für Caelius' gegenüber dem Atratinus, so dass es scheint, als spräche aus seinem Tadel nicht die Feindschaft eines Gegners sondern die mahnende Stimme eines Vaters; denn es handelt sich ja um um einen vornehmen noch jungen Mann, und sein Schmerz, der ihn zur Anklage getrieben hatte, war nicht ungerechtfertigt. "

b) Inwieweit deutet hier die lateinische Ausdrucksweise *ad accusationem descendere* für „die Anklage übernehmen" auf den Ort des Gerichtsprozesses?

2. [3]-[25] *Narratio, argumentatio (refutatio; eine genaue Zuordnung ist schwer möglich)*

Cicero spricht nun kurz über Caelius und dessen Herkunft. Er weist erste Anschuldigungen zurück, die dessen Lebenswandel betreffen, v.a. mit dem Verweis auf Ehrungen, die Caelius zuteil geworden sind. Dann geht er über zu einer Kritik der Anklage und der Ankläger:

[6] [...] Sed aliud est male dicere, aliud accusare. Accusatio crimen desiderat, rem ut definiat, hominem ut notet, argumento probet, teste confirmet; maledictio autem nihil habet propositi praeter contumeliam, quae si petulantius iactatur, convicium, si facetius, urbanitas nominatur.

aliud... aliud: eines ... (etwas) anderes – **male dicere:** ‚übel reden' = schmähen – **desiderare:** ersehnen, hier: benötigen – **notare:** benennen, bezeichnen – **probare:** beurteilen, beweisen, überführen – **testis, is m.:** Zeuge – **confirmare:** bestätigen – **maledictio, ionis f.:** vgl. male dicere! – **propositum:** PPP v. *proponere*: in Aussicht stellen, vor(an)stellen, hier substant. verwendet; von *nihil* abhängig – **contumelia:** Beschimpfung, Beleidigung – **petulans, antis, -anter (Adv.):** ausgelassen, übermütig, frech – **iactare:** werfen; hier: zur Sprache bringen, (Worte) ausstoßen – **convicium, i n.:** Geschrei; hier: (lauthals vorgetragene) Beschimpfung, Lästerung – **facetus:** anmutig, elegant, witzig – **urbanitas, atis f.:** „Großstädtigkeit" ~ geistreich witzige Bemerkung, Zeichen von Intelligenz und Witz

a) Was stellt Cicero hier einander gegenüber? Welchem Zweck in seiner Beweisführung mag dies dienen?

b) Ist den folgenden Ausführungen zuzustimmen? „Es wird gewisse Fälle geben – und das gar nicht so selten –, in denen zwar die Anschuldigung, der die gerichtliche Erkenntnis gilt, leicht zu entkräften ist, die jedoch durch das Vorleben des Angeklagten mit vielen schweren Vergehen belastet sind, die zunächst wegzuräumen sind, damit der Richter geneigter die Verteidigung in der Angelegenheit anhört, um die es in der eigentlichen Untersuchung geht. Wenn es z.B. gilt, den M. Caelius zu verteidigen, wird dann nicht besser der Anwalt erst den Vorwürfen der maßlosen Lebensführung, Unverschämtheit und Unzüchtigkeit entgegentreten und dann dem des Giftmords – bei diesen Vorwürfen allein verweilt ja Cicero in seiner Rede – und darauf dann erst die Erzählung von den Gütern der Palla bringen und den ganzen Fall des Gewaltverbrechens, in dem sich Caelius in seiner eigenen Rede verteidigt hat?" (↑Quintilian, *Institutio oratoria* 6.2.27) Begründen Sie Ihre Antwort.

[7] Quam quidem partem accusationis admiratus sum et moleste tuli potissimum esse Atratino datam. Neque enim decebat neque aetas illa postulabat neque id, quod animadvertere poteratis, pudor patiebatur optimi adulescentis in tali illum oratione versari. Vellem aliquis ex vobis robustioribus hunc male dicendi locum suscepisset; aliquanto liberius et fortius et magis more nostro refutaremus istam male dicendi licentiam. Tecum, Atratine, agam lenius, quod et pudor tuus moderatur orationi meae et meum erga te parentemque tuum beneficium tueri debeo.

quam: Relativpronomen am Satzanfang! – **admirari (+ Akk.):** sich wundern über, bewundern – **moleste ferre:** verdrießen, leid tun – **potissimum:** hauptsächlich, vornehmlich, gerade – **Atratinus:** 17-jähriger Hauptankläger des Caelius; dieser hatte gegen ↑Atratinus' Vater eine Anklage geplant, weshalb Atratinus ihm mit diesem Prozeß zuvorkommen wollte – **animadvertere:** *animad-vertere:* ‚den Geist auf [etwas] richten': bemerken, wahrnehmen – **pot-eratis!** – **pudor, oris m.:** Anstand, Taktgefühl – **pati:** (Dep.) erleiden, (er)dulden– **talis, talis, tale:** ein so beschaffener, solcher (zweiendig!) – **in tali illum oratione:** Stilfigur? – **vellem:** ~ *utinam*, auf den Satzmodus achten (*suscepisset*)! – **vobis:** gemeint sind die beiden Mitankläger: L. Herennius Balbus und P. Clodius – **robustus:** kräftig, stark, hier: widerstandsfähig – **locum suscipere:** einen Teil übernehmen – **aliquanto:** „(um) ein wenig" – **fortis, fortis, forte:** energisch, kühn – **licentia:** Willkür, Zügellosigkeit – **agere cum aliquo:** mit jmd. umgehen

– **moderari (+ Dat.):** mäßigen, zurückhalten – **meum erga te parentemque tuum:** auf *beneficium* zu beziehen – **tueri:** beachten, Rücksicht nehmen

Im Folgenden widmet sich Cicero den einzelnen Beschuldigungen.

[8] Illud tamen te esse admonitum volo, primum ut, qualis es, talem te esse omnes existiment, ut, quantum a rerum turpitudine abes, tantum te a verborum libertate seiungas; deinde ut ea in alterum ne dicas, quae, cum tibi falso responsa sint, erubescas. Quis est enim, cui via ista non pateat, qui isti aetati atque etiam isti dignitati non possit, quam velit, petulanter, etiamsi sine ulla suspicione, at non sine argumento male dicere? Sed istarum partium culpa est eorum, qui te agere voluerunt; laus pudoris tui, quod ea te invitum dicere videbamus, ingenii, quod ornate politeque dixisti.

tamen: dennoch – **admonere (+ Akk. [+ ut]):** an etwas erinnern; ermahnen – **primum... deinde:** Gliederung des Satzes: zunächst, dann – **admonitum volo... ut: K**

> *Illud ... te esse admonitum volo,*
>> *primum ut, ...,*   *talem te esse ... existiment,*
>>> *qualis es,*
>>> *ut* (kons.), ...,   *tantum... seiungas,*
>>>> *quantum... abes;*

qualis, talem: korrespondierend: ‚wie beschaffen, so beschaffen' = wie, so – **existimare + AcI:** einschätzen – **quantum, tantum:** korrespondierend: ‚wie viel, soviel' = wie (sehr), so (sehr) – **turpitudo, inis f.:** Schändlichkeit, Schande – **seiungere:** trennen, fern halten – **ut... ne:** *ne dicas* bildet Iussiv im ut-Satz (Daraus erklärt sich *ne* im ut-Satz.) – **quae... erubescas:** konsekutiver Nebensinn im Relativsatz! – **erubescere (+ Akk.):** vor etwas/ wegen einer Sache erröten, sich schämen – **patêre:** offen stehen – **dignitas, atis f.:** Würde, Ehre – **suspicio, ionis f.:** Verdacht – **male dicere:** mit Dativ! – **pars, tis f.:** pl. hier: Rollenzuweisung, Aufgabenverteilung – **invitus:** wider Willen, unwillig – **ingenium:** Talent, Begabung – **ingenii:** erg. *laus... tui* – **ornatus:** ‚geschmückt': ausdrucksreich – **politus:** ‚poliert': wohl formuliert, gewählt

Frage

a) Nennen Sie die einzelnen Beschuldigungen!
b) Führen Sie aus, ob alle von Cicero in gleichem Maße überzeugend widerlegt werden! Können seine Unterscheidungen gegebenenfalls begründet werden?

Im ausgelassenen Text geht Cicero kurz auf die Punkte ein, die von seinen Vorrednern bereits behandelt worden sind (s. Einleitung, 1.4.5. Gliederung der

Rede) und wendet sich danach den Hauptanklagepunkten zu: dem Gold und dem Gift.

3. [25]-[69] *Argumentatio*

Zu Beginn dieses langen Redeteils weist Cicero noch die Vorwürfe des Sitten-verfalls allgemein bei der Jugend und speziell bei Caelius zurück (vgl. Gliederung der Rede 1.4.4.).

Leitfrage

Zeichnen Sie Ciceros Argumente gegen die beiden Hauptbeschuldigungen in eigenen Worten nach. Achten Sie auf die logische Stimmigkeit der einzelnen Argumente! Mit welchen Mitteln weitet er die objektive Beweis-suche aus?

3.1. [30]-[50] *Probabile ex vita*

[30] [...] Sunt autem duo crimina, auri et veneni; in quibus una atque eadem persona versatur: Aurum sumptum a Clodia, venenum quaesitum, quod Clodiae daretur, ut dicitur. Omnia sunt alia non crimina, sed maledicta, iurgi petulantis magis quam publicae quaestionis. „Adulter, impudicus, sequester" convicium est, non accusatio; nullum est enim fundamentum horum criminum, nulla sedes; voces sunt contumeliosae temere ab irato accusatore nullo auctore emissae.

aurum: Gold – **venenum:** Gift – **auri et veneni:** zu ergänzen jeweils *crimen* – **versari:** sich befinden, aufhalten – **sumptum... quaesitum:** erg. *esse* – **iurgium (iurgi = iurgii):** Steit, Zank – **quaestio, ionis f.:** Befragung – **petulans, antis:** frech, übermütig – **iurgi... quaestionis:** Genitive mit zu ergänzendem *est* = es ist Zeichen, Eigenart von etwas (*genitivus possesoris*) – **adulter, eri m.:** Ehe-brecher, auch adj.: ehebrecherisch – **impudicus:** unzüchtig, lüstern – **sequester, tri(s) m.:** Vermittler, Mittelsmann (hier: Mittelsmann bei Verbrechen) – **convicium, i n.:** Tadel, Beschimpfung – **sedes, is f.:** Sitz, Halt; Grundlage – **contumeliosus:** beleidigend, beschimpfend – **temere:** (Adv.) blindlings, aufs Geratewohl, unüberlegt – **auctor, ris m.:** (hier:) Gewährsmann, Bürge – **emittere:** hier: ausstoßen

Frage

Warum ist es für den verteidigenden Anwalt ein Vorteil, nur die *crimina auri et veneni* zu widerlegen?

[31] Horum duorum criminum video auctorem, video fontem, video certum nomen et caput. Auro opus fuit; sumpsit a Clodia, sumpsit sine teste, habuit, quamdiu voluit. Maximum video signum cuiusdam egregiae familiaritatis. Necare eandem voluit; quaesivit venenum, sollicitavit, quos potuit, paravit, locum constituit, attulit. Magnum rursus odium video cum crudelissimo discidio exstitisse. Res est omnis in hac causa nobis, iudices, cum Clodia, muliere non solum nobili, sed etiam nota; de qua ego nihil dicam nisi depellendi criminis causa.

auctor, ris m.: (hier:) Anstifter – **fons, tis m.:** Quelle; Ursprung – **caput, itis n.:** (hier:) Mensch, Person – **opus esse (+ Abl.):** es besteht Bedarf an, man braucht etw. – **sumere:** nehmen – **testis, is m.:** Zeuge – **quamdiu:** so lange wie – **signum:** Zeichen, Beweis – **egregius:** herausragend, besonders – **familiaritas, atis f.:** Vertrautheit – **sollicitare:** aufwiegeln, zu etw. reizen – **quos potuit:** erg. *sollicitare* – **constituere:** bestimmen, festsetzen – **afferre:** hinbringen – **rursus:** (Adv.) wieder – **odium:** Haß – **crudelis, is, e:** grausam, schmerzhaft – **exsistere:** entstehen – **res omnis est cum aliquo:** die ganze Sache dreht sich um – **depellere:** abwehren – **causâ (+ Gen.):** um willen, wegen

Fragen

a) Cicero nimmt in seine Argumentation auch die Beziehung von Caelius zu Clodia auf. Wodurch deutet er hier dieses Verhältnis kurz an?
b) Inwieweit soll diese Darstellung den Tathergang unglaubwürdig machen?

[32] Sed intellegis pro tua praestanti prudentia, Cn. Domiti, cum hac sola rem esse nobis. Quae si se aurum Caelio commodasse non dicit, si venenum ab hoc sibi paratum esse non arguit, petulanter facimus, si matrem familias secus quam matronarum sanctitas postulat, nominamus. Sin ista muliere remota nec crimen ullum nec opes ad oppugnandum Caelium illis relinquuntur, quid est aliud, quod nos patroni facere debeamus, nisi ut eos, qui insectantur, repellamus? Quod quidem facerem vehementius, nisi intercederent mihi inimicitiae cum istius mulieris viro – fratre volui dicere; semper hic erro. Nunc agam modice nec longius progrediar, quam me mea fides et causa ipsa coget. Neque enim muliebres umquam inimicitias mihi gerendas putavi, praesertim cum ea, quam omnes semper amicam omnium potius quam cuiusquam inimicam putaverunt.

intellegere: begreifen – **pro (+ Abl.):** hier: bei, dank – **praestans, antis:** hervorragend, ausgezeichnet – **Cn. Domitius:** Vorsitzender des Gerichtshofes, s. Anhang – **commodare:** gewähren, geben – **arguere (+ AcI):** beschuldigen – **mater familias:** ‚Mutter der Familie' (*familias = familiae*, alter Genitiv) – **secus quam:** anders als – **matrona:** Matrone (verheiratete Frau, ~ achtbare Dame) –

sanctitas, atis f.: Unverletztlichkeit; Rechtschaffenheit – **sin:** wenn aber – **ops, is f.:** sg. Macht, Hilfe; pl. Mittel, Vermögen – **relinquere:** (in Passivform hier:) übrig bleiben – **patronus:** Patron, Schutzherr, Verteidiger – **patroni:** prädikativ zum Subjekt! – **nisi:** außer – **insectari:** (Dep.) verfolgen, bedrängen – **qui insectantur:** erg. *Caelium* – **quod:** RSA: dies – **facerem:** Irrealis der Gegenwart – **intercedere:** dazwischen kommen, behindern – **inimicitiae, arum f.:** klass. nur pl.: Feindschaft – **viro - fratre:** gemeint ist P. ↑Clodius, Clodias Bruder, ein persönlicher Feind Ciceros, nicht der Ankläger in diesem Prozeß – **hic:** hier – **agere:** handeln – **modicus:** maßvoll, bescheiden – **progredi:** (Dep.) voranschreiten, vorgehen – **longius... quam:** weiter... als – **fides, ei f.:** Redlichkeit, Pflicht – **cogere:** zwingen – **Neque enim... putavi:** K *putavi* + AcI (erg. *esse*) – **mihi gerendas:** sc. *esse*, mit *dativus auctoris* – **muliebris, is:** weiblich, weibisch – **umquam:** jemals – **praesertim:** zumal, besonders – **quam:** Relativpronomen, gemeint ist ↑Clodia (grammatisch: Teil des doppelten Akkusativs, der von *putaverunt* abhängig ist) – **potius quam:** eher als – **quisquam, quid-quam:** irgendjemand, -etwas

Fragen

    a) Cicero scheint sich hier zufällig zu versprechen. Beschreiben Sie dieses taktische Mittel im Hinblick auf die Prozessführung!
    b) Welche Stilmittel nutzt Cicero an dieser Stelle?

[33] Sed tamen ex ipsa quaeram prius, utrum me secum severe et graviter et prisce agere malit an remisse et leniter et urbane. Si illo austero more ac modo, aliquis mihi ab inferis excitandus est ex barbatis illis non hac barbula, qua ista delectatur, sed illa horrida, quam in statuis antiquis atque imaginibus videmus, qui obiurget mulierem et pro me loquatur, ne mihi ista forte suscenseat. Exsistat igitur ex hac ipsa familia aliquis ac potissimum Caecus ille; minimum enim dolorem capiet, qui istam non videbit. Qui profecto, si exstiterit, sic aget ac sic loquetur: „Mulier, quid tibi cum Caelio, quid cum homine adulescentulo, quid cum alieno? Cur aut tam familiaris huic fuisti, ut aurum commodares, aut tam inimica, ut venenum timeres? Non patrem tuum videras, non patruum, non avum, non proavum, non abavum, non atavum audieras consules fuisse;

quaerere aliquid ex aliquo: von jmd. etwas erfragen – **utrum... an:** ob... oder – **agere cum aliquo:** mit jmd. umgehen – **severus:** streng, hart – **gravis, is, e:** ernst – **priscus:** ‚von alter Art': streng – **remissus:** gelassen, ruhig – **lenis, is, e:** sanft – **urbanus:** ‚großstädtisch': fein, gebildet – **austerus:** herb, ernst, unfreundlich – **inferi, orum m.:** die Unterirdischen; diejenigen, die in der Unterwelt leben – **excitare:** antreiben, erwecken – **barbartus:** bärtig (hier substantivisch gebraucht) – **barbula:** Bärtchen – **hâc barbulâ:** *Abl. qualitatis* – **delectare aliqua re:** mit einer Sache erfreuen – **illâ horridâ:** *Abl. qualitatis* –

imago, inis m.: Bild, Portrait; Ahnenbild – **qui**: bezieht sich auf *aliquis* – **obiurgare**: tadeln, schelten – **suscensêre alicui**: jmd. zürnen – **exsistere**: hervortreten, auftreten (auf den Modus achten!) – **potissimum**: am liebsten – **Caecus**: Appius Claudius Caecus, ↑Konsul 307 und 296, im Alter erblindet, daher Caecus (der Blinde) genannt, Erbauer u.a. der Via Appia – **dolorem capere**: Schmerz empfinden – **qui**: RSA – **profecto**: (Adv.) in der Tat – **quid tibi…**: erg. *est*: was hast du zu schaffen mit – **adulescentulus, i m.**: ganz junger Mann – **alienus**: fremd – **familiaris alicui**: mit jmd. vertraut (sein) – **videras**: Zeitform? – **patruus**: Onkel (väterlicherseits) – **avus**: Großvater – **proavus**: Urgroßvater – **abavus**: Ur-Urgroßvater – **atavus**: ‚Ur-Ur-Urgroßvater': Groß-vater des Urgroßvaters – **audieras: Zeitform!**

Fragen

a) Führen Sie aus, in welchem Gesprächston Cicero diesen Abschnitt gestaltet! Nennen Sie einzelne Merkmale!
b) In welcher Form knüpft Cicero hier wieder an die literarische Gattung Schauspiel an?

[34] non denique modo te Q. Metelli matrimonium tenuisse sciebas, clarissimi ac fortissimi viri patriaeque amantissimi, qui, simul ac pedem limine extulerat, omnes prope cives virtute, gloria, dignitate superabat? Cum ex amplissimo genere in familiam clarissimam nupsisses, cur tibi Caelius tam coniunctus fuit? cognatus, adfinis, viri tui familiaris? Nihil eorum. Quid igitur fuit nisi quaedam temeritas ac libido? Nonne te, si nostrae imagines viriles non commovebant, ne progenies quidem mea, Q. illa Claudia, aemulam domesticae laudis in gloria muliebri esse admonebat, non virgo illa Vestalis Claudia, quae patrem complexa triumphantem ab inimico tribuno plebei de curru detrahi passa non est? Cur te fraterna vitia potius quam bona paterna et avita et usque a nobis cum in viris tum etiam in feminis repetita moverunt? Ideone ego pacem Pyrrhi diremi, ut tu amorum turpissimorum cotidie foedera ferires, ideo aquam adduxi, ut ea tu inceste uterere, ideo viam munivi, ut eam tu alienis viris comitata celebrares?"

denique: schließlich – **modo**: eben, vor kurzem – **Q. Metellus**: früherer Ehe-mann der ↑Clodia, 59 v.Chr. gestorben, vgl. Kap. 59f., s. Anhang – **matrimonium, i n.**: Ehe – **alicuius matrimonium tenere**: mit jmd. verheiratet sein – **simul ac**: sobald – **pedem limine efferre**: einen Fuß vor die Tür (eig. Schwelle) setzen – **superare aliquem aliqua re**: jmd. in etwas übertreffen – **amplus**: groß, bedeutend – **nubere**: heiraten – **coniunctus alicui**: mit jmd. ver-bunden – **cognatus**: (bluts)verwandt – **adfinis, is, e**: ‚benachbart': verschwägert – **familiaris, is m.**: vertrauter Freund – **nisi**: außer – **quidam, quaedam, quoddam**: ein gewisser – **temeritas, atis, f.**: Zufall; Unbedachtheit – **virilis, is, e**: männlich – **commovêre**: jmd. bewegen (auch im übertragenen Sinne) –

progenies, iei f.: Nachkommenschaft, Nachkomme – **Q. illa Claudia:** Enkelin des Caecus – **aemulus:** nacheifernd – **domesticus:** ‚häuslich': das Haus, die Familie betreffend – **admonêre (+ AcI):** erinnern, dass – **Vestalis, is f.:** Vestalin, Tempeldienerin der Vesta, der Göttin des Herdfeuers – **complecti**, *complector, complexus*: umarmen – **tribunus (i, m.) plebei:** ↑Volkstribun – **currus, ûs m.:** (Triumph)Wagen – **detrahere:** herabziehen – **pati**, *patior, passus*: dulden, zulassen – **fraternus:** brüderlich, des Bruders – **vitium:** Laster – **potius quam:** eher als – **avitus:** großväterlich – **usque ab aliquo:** von jmd. an (gerechnet, gezählt) – **repetitus:** wiederholt (von *repetere*) – **ideo:** dafür, deswegen – **Pyrrhus:** König v. Epirus (in Griechenland) – **dir-imere:** zum Scheitern bringen – **pax, acis f.:** hier: Friedensvertrag – **amor, is m.:** pl. hier: Liebschaften – **turpis, is, e:** schändlich – **cotidie:** (Adv.) täglich – **foedus ferire:** Bündnis schließen – **aquam adducere:** gemeint ist: eine Wasserleitung (Aquädukt) bauen - **incestus:** unrein, unzüchtig – **uti (+ Abl.):** gebrauchen, benutzen – **uterere:** = *utereris* – **munire:** befestigen – **comitatus aliquo:** begleitet von jmd. – **viam celebrare:** hier: eine Straße oft entlang gehen

Fragen

a) An welches römische Grundverständnis appelliert Cicero?
b) Warum nennt Cicero ausgerechnet diese weiblichen Verwandten?

[35] Sed quid ego, iudices, ita gravem personam induxi, ut verear, ne se idem Appius repente convertat et Caelium incipiat accusare illa sua gravitate censoria? Sed videro hoc posterius, atque ita, iudices, ut vel severissimis disceptatoribus M. Caeli vitam me probaturum esse confidam. Tu vero, mulier, (iam enim ipse tecum nulla persona introducta loquor) si ea, quae facis, quae dicis, quae insimulas, quae moliris, quae arguis, probare cogitas, rationem tantae familiaritatis, tantae consuetudinis, tantae coniunctionis reddas atque exponas, necesse est. Accusatores quidem libidines, amores, adulteria, Baias, actas, convivia, comissationes, cantus, symphonias, navigia iactant, idemque significant nihil se te invita dicere. Quae tu quoniam mente nescio qua effrenata atque praecipiti in forum deferri iudiciumque voluisti, aut diluas oportet ac falsa esse doceas aut nihil neque crimini tuo neque testimonio credendum esse fateare.

quid: warum – **gravis, is, e:** gewichtig, bedeutend – **personam inducere:** eine Person einführen – **repente:** (Adv.) plötzlich – **incipere:** beginnen – **illa:** hier: sprichwörtlich, bekannt – **censorius:** des Zensors (der u.a. für steuerliche und sittliche Aufsicht in Rom verantwortlich war) – **videro:** ~ *videbo* – **posterius:** (Adv.) später – **disceptator, ris m.:** Schiedsrichter – **probaturum esse:** Inf. Fut. Akt. – **confidere:** Zuversicht haben – **Tu vero ... si ... exponas, necesse est: K**
Tu vero ...
si ea,

quae...
cogitas,...
reddas et exponas,
necesse est (HS).

vero: aber – **insimulare:** (falsch) beschuldigen, anklagen – **moliri:** ins Werk setzen – **probare:** beweisen – **cogitare:** die Absicht haben etwas zu tun – **ratio, nis f.:** Art und Weise – **familiaritas, atis f.:** vertrauter Umgang – **consuetudo, inis f.:** Gewohnheit, enge Beziehung – **coniunctio, nis f.:** Verbindung – **reddere:** darlegen – **exponere:** erklären – **necesse est:** es ist nötig, hier nicht mit AcI, sondern bloßem Konjunktiv – **libido, inis f.:** Ausschweifung – **amor, oris m.:** pl. hier: Liebschaften – **adulterium:** Ehebruch, pl. auch Liebesaffären – **Baiae, arum f.:** ↑Baiae, mondänes Seebad – **acta:** hier: Strandfest – **convivium:** Gastmahl, Gelage – **comissatio, ionis f.:** Umzug, Gelage – **cantus, ûs m.:** Gesang – **symphonia:** Musik – **navigium:** Boot, hier: Bootsparty – **iactare:** vorbringen – **idem, eadem, idem:** ebenderselbe – **significare:** andeuten – **invitus:** wider Willen – **quae:** RSA – **effrenatus:** zügellos – **nescio quis:** ,ich weiß nicht wer' = irgendwer – **praeceps, itis:** überstürzt, unbesonnen – **in forum deferre:** ,zum Forum herabbringen', d.h. vor Gericht bringen – **diluere:** ,auswaschen': entkräften, widerlegen – **oportet:** es gehört sich, hier mit bloßem Konjunktiv – **fateare:** = *fatearis*

Fragen

a) Welche Redefigur steht im Zentrum dieses Abschnitts?
b) Zu welchem Zweck gebraucht sie Cicero?

[36] Sin autem urbanius me agere mavis, sic agam tecum; removebo illum senem durum ac paene agrestem; ex his igitur tuis sumam aliquem ac potissimum minimum fratrem, qui est in isto genere urbanissimus; qui te amat plurimum, qui propter nescio quam, credo, timiditatem et nocturnos quosdam inanes metus tecum semper pusio cum maiore sorore cubitavit. Eum putato tecum loqui: „Quid tumultuaris, soror? quid insanis?

Quid clamorem exorsa verbis parvam rem magnam facis?

Vicinum adulescentulum aspexisti; candor huius te et proceritas, vultus oculique pepulerunt; saepius videre voluisti; fuisti non numquam in isdem hortis; vis nobilis mulier illum filium familias patre parco ac tenaci habere tuis copiis devinctum; non potes; calcitrat, respuit, non putat tua dona esse tanti; confer te alio. Habes hortos ad Tiberim ac diligenter eo loco paratos, quo omnis iuventus natandi causa venit; hinc licet, condiciones cotidie legas; cur huic, qui te spernit, molesta es?"

sin: wenn aber – **urbanus:** ‚großstädtisch': fein, gebildet – **removêre:** entfernen – **senex, nis m.**: Greis – **durus:** hart, streng – **agrestis, is, e:** ländlich, bäurisch, roh – **sumere:** nehmen – **miminus:** der kleinste, hier gemeint: der jüngste – **genus, eris n.**: Art, Hinsicht – **plurimum:** (Adv.) am meisten – **timiditas, atis f.**: Ängstlichkeit – **nocturnus:** nächtlich – **inanis, is, e:** nichtig, grundlos – **metus, ûs, m.**: Furcht, Angst – **pusio, ionis m.**: Knäblein, Jüngelchen – **cubitare:** schlafen – **putato:** Imperativ Futur, ~ *puta* – **tumultuari:** unruhig, verwirrt sein – **insanire:** von Sinnen sein – **Quid … facis:** Vers (trochäischer Septenarius) wahrscheinlich aus einer Komödie, der Autor ist unbekannt – **exordiri**, *exordior, exorsus*: anfangen, beginnen – **vicinus:** benachbart – **aspicere:** anblicken – **candor, oris m.**: Glanz, glänzendes Auftreten – **proceritas, atis f.**: hoher Wuchs, Größe, Schlankheit – **vultus, ûs m.**: Gesicht, Miene – **pellere:** hier: anziehen – **hortus:** Garten(anlage), Park – **vis:** Prädikat! – **nobilis mulier:** prädikativ zum Subjekt – **filius familias:** alter Genitiv (= *familiae*), Sohn aus (vornehmer) Familie – **parcus:** sparsam – **tenax, acis:** ‚zusammenhaltend (und zwar das Geld)': geizig – **copia:** Mittel, pl. Vermögen – **devincire:** umbinden, fesseln, an sich binden – **calcitrare:** hier: sich sträuben – **respuere:** ausspeien; zurückweisen – **donum:** Gabe, Geschenk – **tanti esse:** *genitivus pretii*, d.h. der Wertangabe – **confer te alio:** „Versuch's bei einem anderen!" – **Tiberis, is, m.**: Tiber, Fluß, der durch Rom fließt – **diligens, ntis, –** **nter (Adv.):** sorgfältig – **quo:** wohin — **causâ (+ Gen.):** um willen, wegen – **hinc:** dort – **licet:** es steht frei, ist möglich; hier mit bloßem Konjunktiv – **condicio, nis f.**: hier: Liebesverhältnis – **legere:** auswählen, auflesen – **spernere:** verachten, verschmähen – **molestus alicui:** jmd. lästig, beschwerlich

Fragen

a) Vergleichen Sie diesen Abschnitt mit 33! Führen Sie Unterschiede und Entsprechungen aus!
b) Nehmen Sie zu dieser Ausführung auch die Gedanken des folgenden Textausschnitts (↑Quintilian, *Institutio oratoria* 3.8.53-54) hinzu: „Denn zu bitten, anzuzeigen, Rechenschaft zu geben und anderes, [...], pflegen wir in verschiedener Form und wie es der Gegenstand mit sich bringt, auf dem Gebiet der Gerichts-, Beratungs- und Unterhaltungsrede, am häufigsten indessen verwenden wir in diesen die frei erfundene Rede von Personen, die wir selbst haben auftreten lassen. So spricht bei Cicero für Caelius zu Clodia sowohl Appius Caecus als auch ihr Bruder ↑Clodius, der eine eingeführt, um sie wegen ihrer Laster zu geißeln, der andere, um sie dazu aufzustacheln."

[37] Redeo nunc ad te, Caeli, vicissim ac mihi auctoritatem patriam severitatemque suscipio. Sed dubio, quem patrem potissimum sumam, Caecilianumne aliquem vehementem atque durum:

Nunc enim demum mi animus ardet, nunc meum cor cumulatur ira

aut illum:

O infelix, o sceleste

Ferrei sunt isti patres:

Egon quid dicam, quid velim? quae tu omnia
Tuis foedis factis facis, ut nequiquam velim,

vix ferendi. Diceret talis pater: „Cur te in istam vicinitatem meretriciam contulisti? Cur illecebris cognitis non refugisti?

Cur alienam ullam mulierem nosti? Dide ac disice;
Per me tibi licet. Si egebis, tibi dolebit, non mihi.
Mihi sat est, qui aetatis, quod relicuom est, oblectem meae."

redire: zurückkehren – **vicissim:** wiederum – **suscipere sibi:** sich annehmen – **auctoritas, atis f.:** Einfluß, Ansehen – **severitas, atis f.:** Strenge – **dubitare (+ indirekter Fragesatz):** zweifeln – **patrem:** gemeint ist hier: Vaterfigur (aus der Komödie) – **potissimum:** am ehesten – **Caecilius:** ↑Caecilius († 166 v.Chr.), römischer Komödienautor – **vehemens, ntis:** heftig, leidenschaftlich, hitzig – **demum:** zuletzt, endlich – **mi:** = *mihi* – **ardêre:** entbrennen – **cumulare aliqua re:** hier: pass.= sich anfüllen mit etwas – **illum:** erg. *patrem* – **infelix, icis:** unglücklich – **scelestus:** verbrecherisch, ruchlos – **ferreus:** aus Eisen – **egon:** = *ego-ne* – **dicam... velim:** Konjunktiv in eine direkten Frage! – **foedus:** schändlich, abscheulich – **factum:** Tat – **nequiquam:** vergeblich – **ferendi:** bezieht sich auf *patres* – **diceret:** Modus? – **vicinitas, atis f.:** Nähe – **meretricius:** von einer Dirne, Hure – **se conferre:** sich begeben – **illecebra:** Reiz, Verführung – **cognitus:** erkannt – **refugere:** zurückweichen, fliehen – **ullam:** irgendein – **noscere:** kennen lernen (*nosco, novi, notum; nosti = novisti*) – **didere:** hier: verschwenden – **disicere:** verschleudern (das Geld) – **per me:** meinetwegen – **egêre:** Not leiden – **alicui dolet:** es schmerzt jemanden – **sat:** genug, ausreichend – **qui:** ~ *ut* (alte Form des Ablativs vom Relativpronomen: 'inwiefern') – **aetas, atis f.:** Lebenszeit, der Genetiv bezieht sich auf den *quod*-Satz – **relicuom:** = *reliquum*: übrig – **oblectare:** (Zeit) vertreiben, unterhalten

[38] Huic tristi ac derecto seni responderet Caelius se nulla cupiditate inductum de via decessisse. Quid signi? Nulli sumptus, nulla iactura, nulla versura. At fuit fama. Quotus quisque istam effugere potest in tam maledica civitate? Vicinum eius mulieris miraris male audisse, cuius frater germanus sermones iniquorum effugere non potuit? Leni vero et clementi patre, cuius modi ille est:

Fores ecfregit, restituentur; discidit
Vestem, resarcietur.
Caeli causa est expeditissima. Quid enim esset, in quo se non facile defenderet?
Nihil iam in istam mulierem dico; sed, si esset aliqua dissimilis istius, quae se
omnibus pervolgaret, quae haberet palam decretum semper aliquem, cuius in
hortos, domum, Baias iure suo libidines omnium commearent, quae etiam aleret
adulescentes et parsimoniam patrum suis sumptibus sustentaret; si vidua libere,
proterva petulanter, dives effuse, libidinosa meretricio more viveret, adulterum
ego putarem, si quis hanc paulo liberius salutasset?

tristis, is, e: hier: streng, mürrisch – **derectus:** direkt, gerade heraus – **senex, nis**
m.: Greis – **inducere:** verführen, verleiten – **decedere, decessi, decessum:**
abkommen – **signum:** Zeichen, Beweis; *genitivus partitivus*: ~ *Quae sunt signa?*
– **sumptus, ûs m.:** Aufwendung, Verschwendung – **iactura:** Aufwand, Verlust –
versura: Anleihe, Schulden – **quotus quisque:** jeder wievelte – **istam:** gemeint
ist *famam* – **maledictus:** schmähsüchtig – **vicinus:** Nachbar – **mirari, miratus:**
sich wundern über – **male audiri:** in schlechtem Ruf stehen – **germanus:**
leiblich, eigen, echt – **sermo, nis m.:** Gespräch, Gerede – **iniquus:** feindselig,
hier: subst. Feind – **lenis, is, e:** sanftmütig – **clemens, ntis:** mild, nachsichtig –
Fores ecfregit ... resarcietur: Zitat aus ↑Terenz' Komödie *Adelphoe* (Die
Brüder, V. 120f.), in der ein nachsichtiger Vater über seinen Sohn spricht – **foris,**
is f.: Tür – **ecfringere, ecfregi, ecfractum** (bzw. assimiliert: eff..): aufbrechen –
restituere: wiederherstellen – **discindere, descidi, descissus:** zerreißen – **vestis,**
is f.: Gewand, Kleidung – **resarcire:** wieder ausbessern – **expeditus:** leicht,
bequem – **esset:** auf den Modus achten! – **in quo:** worin – **dicere in aliquem:**
gegen jmd. etwas sagen – **dissimilis (+ Gen.):** ungleich, unähnlich jmd./ etw. –
pervolgare alicui: sich jmd. preisgeben, sich mit jmd. einlassen – **habere**
decretum aliquem: sich jmd. ausgesehen haben, hier gemeint: einen Liebhaber
– **palam:** (Adv.) öffentlich – **cuius:** bezieht sich auf *aliqua (femina)* aus dem *si-*
Satz – **Baiae, arum f.:** mondänes Seebad südl. v. Rom, gemeint ist hier aber
↑Clodias Haus in ↑Baiae – **iure suo:** mit individueller Berechtigung – **libidines**
omnium: wörtl. die Gelüste aller, i.S.v. *omnes libidinosi*: alle Vergnügungs-
süchtigen – **commeare:** zusammenkommen – **quae:** ist die *aliqua* aus dem *si-*
Satz – **alere:** beköstigen – **parsimonia:** Sparsamkeit – **sustentare:** für den
Unterhalt aufkommen – **viduus:** verwitwet – **K** prädikatives Adjektiv (bezogen
auf *aliqua*) und Adverbiale (bezogen auf *viveret*) jeweils zusammen in
viermaliger Folge – **adulter, era, erum:** ehebrecherisch, unzüchtig –
adulterum: erg. *eum* (nämlich der *quis* aus dem folgenden si-Satz) – **putarem:**
„soll ich da..."" – **paulo liberius:** ein wenig zu freizügig

a) Cicero macht hier an vielen Stellen auf unterschiedliche Weise Anleihen bei der Komödie. In welcher Form und zu welchem Zweck „zitiert" er so häufig?

b) Cicero kommentiert hier auch die eigene Ausdrucksweise. Welche stilistische Besonderheit steht dabei im Vordergrund? Inwieweit unterstützen die eingesetzten Stilfiguren seine Redeabsicht?

Nehmen Sie für die Antwort die folgende Textstelle zu Hilfe (↑Quintilian, *Institutio oratoria* 8.4.1-2): „Die erste Art, in der das Vergrößern [vgl. *amplificatio*; im Text: *amplificandi*] oder Vermindern [*minutio*; im Text: *minuendi*] erscheint, erfolgt durch die Benennung für den Gegenstand selbst, wenn wir etwa einen Menschen, der geschlagen worden ist, erschlagen, einen der unmoralisch ist, einen Räuber nennen und umgekehrt von einem, der geschlagen hat, er habe berührt, und von einem, der eine Verwundung beigebracht hat, er habe verletzt, sagen. Für beide zugleich findet sich folgendes Beispiel in der Rede für Caelius: [vgl. oben *si vidua libere,... salutasset?*]. Denn er hat eine Schamlose eine Dirne genannt und von der, mit der er lange Zeit in vertrautem Umgang gelebt hatte, ,er habe sie etwas zu frei gegrüßt'. Diese Form gewinnt an Nachdruck und Handgreiflichkeit, wenn Wörter von größerem Umfang neben die Bezeichnungen selbst gesetzt werden, statt derer wir sie einsetzen wollen, [...]."

Im ausgelassenen Text kommt Cicero v.a. auf das Wesen des Caelius zu sprechen (vgl. Gliederung des Textes). Cicero stellt dabei für Clodia eine Zwickmühle (sog. Dilemma) auf.

[50] Obliviscor iam iniurias tuas, Clodia, depono memoriam doloris mei; quae abs te crudeliter in meos me absente facta sunt, neglego; ne sint haec in te dicta, quae dixi. Sed ex te ipsa requiro, quoniam et crimen accusatores abs te et testem eius criminis te ipsam dicunt se habere. Si quae mulier sit eius modi, qualem ego paulo ante descripsi, tui dissimilis, vita institutoque meretricio, cum hac aliquid adulescentem hominem habuisse rationis num tibi perturpe aut perflagitiosum esse videatur? Ea si tu non es, sicut ego malo, quid est, quod obiciant Caelio? Sin eam te volunt esse, quid est, cur nos crimen hoc, si tu contemnis, pertimescamus? Quare nobis da viam rationemque defensionis. Aut enim pudor tuus defendet nihil a M. Caelio petulantius esse factum, aut impudentia et huic et ceteris magnam ad se defendendum facultatem dabit.

oblivisci: vergessen – **iniuria:** pl. hier: Unrechtstaten – **deponere:** beiseite legen – **crudeliter:** in grausamer Weise – **me absente:** welcher Fall? – **neglegere:** vernachlässigen, übergehen – **ne sint... dicta:** *ne* mit Konjunktiv Perfekt! – **requirere ex aliquo:** von jmd. erfragen – **Konstruktionsreihenfolge:** *quoniam* *accusatores dicunt se et... et... habere* – **eius modi:** von dieser Art, derartig – **paulo ante:** kurz zuvor – **describere, despripsi, descriptum:** beschreiben – **dissimilis (+ Gen.):** unähnlich, ungleich – **vita institutoque meretricio:** *ablativi qualitatis* – **cum:** hier die Präposition mit dem Ablativ, nicht die Konjunktion! – **num:** Satzart also? – **perturpis, is, e:** sehr abscheulich – **perflagitiosus:** sehr lasterhaft, schändlich – **videatur:** potentialer Konjunktiv – **obicere:** vorwerfen – **sin:** leitet einen Bedingungssatz ein, der auf einen si-Satz folgt: wenn aber – **eam:** gemeint ist die zuvor beschriebene lasterhafte Person: ~ ‚so eine' – **contemnere:** verachten, gering schätzen – **contemnis:** erg. *id* (= *crimen hoc*) – **pertimescere (+ Akk.):** in große Furcht geraten vor – **quare:** deshalb – **via:** Weg, Möglichkeit – **pudor, oris m.:** Anstand(sgefühl) – **defendere:** hier mit AcI – **petulantius:** (Adv.) zu übermütig – **impudentia:** Schamlosigkeit – **ceteri, orum m.:** die Übrigen – **facultas, atis f.:** Gelegenheit, Möglichkeit

Frage

Worin besteht dieses Dilemma für Clodia? Ist es tatsächlich unentrinnbar? Begründen Sie Ihre Antwort!

3.2. [51]-[69] *Probabile ex causa*

1. Teil: Das Gold (*aurum*)

[51] Sed quoniam emersisse iam e vadis et scopulos praetervecta videtur oratio mea, perfacilis mihi reliquus cursus ostenditur. Duo sunt enim crimina una in muliere summorum facinorum, auri, quod sumptum a Clodia dicitur, et veneni, quod eiusdem Clodiae necandae causa parasse Caelium criminantur. Aurum sumpsit, ut dicitis, quod L. Luccei servis daret, per quos Alexandrinus Dio, qui tum apud Lucceium habitabat, necaretur. Magnum crimen vel in legatis insidiandis vel in servis ad hospitem domini necandum sollicitandis, plenum sceleris consilium, plenum audaciae!

emergere, emersi, emersum: auftauchen, loskommen – **vadum:** Untiefe, seichte Stelle – **scopulus:** Felsen, Klippe – **praetervehi, praetervectum:** vorbeifahren, umschiffen – **perfacilis, is, e:** sehr leicht – **cursus ûs m.:** Fahrt – **ostendere:** anzeigen, pass. sich zeigen – **K**
Duo sunt enim crimina ... (HS):
[crimen] auri, quod ...
et
[crimen] veneni, quod ...
summorum facinorum: der Genetiv gehört zu *crimina* – **auri... veneni:** erg. *crimen* – **sumere:** nehmen, sich verschaffen – **sumptum:** erg. *esse* – **causâ (+ Gen.):** um... willen wegen – **parasse:** = *paravisse* – **criminari:** anklagen,

vorwerfen (Subjekt: erg. *accusatores*) – **L. Luccei:** Lucius ↑Lucceius, Senator, Autor eines geschichtlichen Werkes, Freund Ciceros – **sumpsit... daret:** Subjekt: Caelius – **quos:** *servos* – **Alexandrinus Dio:** ↑Dion, Legat aus Alexandrien; der Mord bzw. der Mordversuch, auf den hier angespielt wird, gehört zu den Anklagepunkten, die bereits von Ciceros Vorrednern aufgegriffen wurden – **tum:** damals – **apud (+ Akk.):** bei – **habitare:** wohnen – **vel... vel:** entweder... oder – **insidiari (+ Dat.):** auflauern, im Hinterhalt liegen – **sollicitare:** antreiben, aufstacheln – **hospes, ites m.:** Gast – **scelus, eris n:** Verbrechen, Schändlichkeit – **audacia:** Kühnheit, Dreistigkeit, Frechheit

[52] Quo quidem in crimine primum illud requiro, dixeritne Clodiae, quam ad rem aurum sumeret, an non dixerit. Si non dixit, cur dedit? Si dixit, eodem se conscientiae scelere devinxit. Tune aurum ex armario tuo promere ausa es, tune Venerem illam tuam spoliare ornamentis, spoliatricem ceterorum, cum scires, quantum ad facinus aurum hoc quaereretur, ad necem legati, ad L. Luccei, sanctissimi hominis atque integerrimi, labem sceleris sempiternam? Huic facinori tanto tua mens liberalis conscia, tua domus popularis ministra, tua denique hospitalis illa Venus adiutrix esse non debuit.

quo: gehört zu *crimine*; RSA – **primum:** (Adv.) zuerst – **requirere:** erfragen – **quam ad rem:** wozu, wofür – **dixit:** Subjekt: Caelius – **dedit:** Subjekt: ↑Clodia – **dixit:** Caelius – **devinxit:** Clodia – **se devincire, devinxi, divinctum in aliqua re:** sich verstricken in – **conscientia:** Mitwisserschaft – **tune:** = *tu -ne* – **armarium, i n.:** Schrank – **promere:** hervorholen – **audêre, ausus sum:** wagen – **Venus, eris f.:** gemeint ist hier: Venus-Statue – **spoliare (+ Abl.):** einer Sache berauben – **ornamentum, i n:** Schmuck – **spoliatrix, icis f.:** „eine, die *spoliat*" – **cum:** hier: konzessiv zu übersetzen – **nex, ecis f.:** Tötung – **labes, is f.:** Schandfleck – **sempiternam:** ewig – **K**

> *Huic facinori tanto non debuit*
>   *tua mens liberalis esse conscia,*
>   *tua domus popularis [esse] ministra,*
>   *tua denique hospitalis illa Venus [esse] adiutrix.*

facinus, oris m.: Verbrechen, Schandtat – **esse non debuit:** hätte nicht sein müssen – **mens liberalis:** Offenherzigkeit – **conscius:** mittwissend – **popularis, is, e:** (beim Volk) beliebt – **hospitalis, is, e:** gastfreundlich – **adiutrix, icis f.:** Beihelferin

[53] Vidit hoc Balbus; celatam esse Clodiam dixit, atque ita Caelium ad illam attulisse, se ad ornatum ludorum aurum quaerere. Si tam familiaris erat Clodiae, quam tu esse vis, cum de libidine eius tam multa dicis, dixit profecto, quo vellet aurum; si tam familiaris non erat, non dedit. Ita, si verum tibi Caelius dixit, o immoderata mulier, sciens tu aurum ad facinus dedisti; si non est ausus dicere, non dedisti. Quid ego nunc argumentis huic crimini, quae sunt innumerabilia,

resistam? Possum dicere mores Caeli longissime a tanti sceleris atrocitate esse disiunctos; minime esse credendum homini tam ingenioso tamque prudenti non venisse in mentem rem tanti sceleris ignotis alienisque servis non esse credendam. Possum etiam illa et ceterorum patronorum et mea consuetudine ab accusatore perquirere, ubi sit congressus cum servis Luccei Caelius, qui ei fuerit aditus; si per se, qua temeritate; si per alium, per quem? Possum omnes latebras suspicionum peragrare dicendo; non causa, non locus, non facultas, non conscius, non perficiendi, non occultandi maleficii spes, non ratio ulla, non vestigium maximi facinoris reperietur.

Balbus: einer der Ankläger – **celare:** verheimlichen; Passiv *celari:* es wird jmd. (etw.) verheimlicht – **affere ad aliquem:** bei jmd. (etw) vorbringen, (als Vorwand) anführen – **se:** Caelius – **ornatus, ûs m.:** Ausstattung, Veranstaltung – **ludorum:** gemeint sind Gladiatorenspiele o.ä. – **quaerere:** erbitten – **familiaris, is, e:** vertraut – **tam... quam:** korrelativ angeordnet! – **K**

Si tam...
      quam...
          cum...
dixit... (HS),
    quo...

quo: wofür – **dedit:** erg. *aurum* – **immoderatus:** unmäßig, unbeherrscht – **quid:** was = warum – **innumerabilis, is, e:** unzählig – **resistere (+Dat.):** widerstehen, Widerstand leisten – **resistam:** Form und Funktion im Satz? – **mos, ris m.:** pl. hier: Sittlichkeit – **atrocitas, atis f.:** Scheußlichkeit, Schrecklickeit – **disiungere, disiunxi, disciunctum:** trennen, absondern – **minime:** adv. keineswegs – **esse credendum:** erg. *possum dicere* – **ingeniosus:** geistvoll – **prudens, ntis:** klug, vorrausschauend – **venire alicui in mentem:** es kommt jmd. in den Sinn – **credere:** hier: anvertrauen, überlassen – **illâ... et meâ consuetudine:** beide Pronomina sind auf *consuetudine* zu beziehen! – **perquirere ab aliquo:** sich erkundigen, nachforschen bei jmd. – **congressus, ûs m.:** Zusammenkunft – **qui:** hier adj. Fragepronomen (zu *aditus*) – **si per se:** erg. ~ *factum est* – **temeritas, atis f.:** Zufall; Unbesonnenheit – **latebra:** Versteck, Schlupfwinkel – **suspicio, ionis f.:** Verdächtigung – **peragrare:** durchforsten – **causa:** Grund – **conscius, i m.:** Mitwisser – **occultare:** verbergen – **maleficium:** Übeltat – **spes, ei f.:** Hoffnung; mit Gen.: Hoffnung auf... – **ratio, nis f.:** Plan, Methode – **vestigium:** Spur – **facinus, oris m.:** Verbrechen – **reperire:** finden (Tempus hier?)

Frage

Ciceros Gedankengang wirkt in diesen Abschnitten besonders logisch. Zumindest ist er so stilisiert. Zeichnen Sie Ciceros Argumentation nach und benennen Sie die Mittel, die seine Argumente als derart logisch sukzessive aufeinanderfolgend erscheinen lassen!

2. Teil: Das Gift (*venenum*)

(a) Motive

Cicero weist erst noch – mutmaßlich endgültig – den Vorwurf zurück, Caelius habe sich Gold von Clodia geliehen.

[55] [...] Quid exspectatis amplius? An aliquam vocem putatis ipsam pro se causam et veritatem posse mittere? Haec est innocentiae defensio, haec ipsius causae oratio, haec una vox veritatis. In crimine ipso nulla suspicio est, in re nihil est argumenti, in negotio, quod actum esse dicitur, nullum vestigium sermonis, loci, temporis; nemo testis, nemo conscius nominatur, totum crimen profertur ex inimica, ex infami, ex crudeli, ex facinerosa, ex libidinosa domo; domus autem illa, quae temptata esse scelere isto nefario dicitur, plena est integritatis, dignitatis, officii religionis; ex qua domo recitatur vobis iure iurando devincta auctoritas, ut res minime dubitanda in contentione ponatur, utrum temeraria, procax, irata mulier finxisse crimen, an gravis sapiens moderatusque vir religiose testimonium dixisse videatur.

an: oder etwa (leitet den Fragesatz ein) – **vocem... mittere:** die Stimme erheben – **defensio, onis f.:** Rechtfertigung – **suspicio, onis f.:** Verdacht – **argumentum:** Beweis (von nihil abhängig) – **negotium:** Angelegenheit (in negativem Sinn); was meint Cicero damit? – **quod... dicitur:** NcI im Relativsatz! – **vestigium:** Spur – **testis, is m.:** Zeuge – **proferre:** zum Vorschein bringen, zutage fördern – **infamis, is, e:** verrufen – **crudelis, is, e:** entsetzlich – **facinerosus:** (auch *facinorosus*) ruchlos – **domus autem...:** die Häuser, der Umgang, die Familien der beiden Kontrahenten Clodia und Caelius werden zum Vergleich vorgeführt (vgl. *domo* jeweils im Vorder- und Folgesatz: Zuordnung?) – **quae... dicitur:** NcI im Relativsatz! – **temptare:** heimsuchen – **ex qua:** relativer Satzanschluss – **recitare:** verlesen – **iure iurando devincta:** (*devincire*: festbinden) eidlich bekräftigt – **auctoritas, tatis f.:** Bürgschaft – **in contentione ponere:** zur Entscheidung vorlegen – **utrum..., an...:** ob (nämlich)..., oder.... Diese abhängige Doppelfrage führt als eine Scheinalternative den vorhergehenden Konsekutivsatz (*ut... ponatur*) aus. – **temerarius:** unbesonnen – **procax, cacis:** dreist – **fingere:** erfinden – **religiose:** gewissenhaft (Wortart?) – **testimonium dicere:** Zeugnis ablegen

[56] Reliquum est igitur crimen de veneno; cuius ego nec principium invenire neque evolvere exitum possum. Quae fuit enim causa, quam ob rem isti mulieri venenum dare vellet Caelius? Ne aurum redderet? Num petivit? Ne crimen haereret? Num quis obiecit? num quis denique fecisset mentionem, si hic nullius nomen detulisset? Quin etiam L. Herennium dicere audistis verbo se molestum non futurum fuisse Caelio, nisi iterum eadem de re suo familiari absoluto nomen

hic detulisset. Credibile est igitur tantum facinus ob nullam causam esse commissum? Et vos non videtis fingi sceleris maximi crimen, ut alterius sceleris suscipiendi causa fuisse videatur?

cuius: RSA – **evolvere:** enthüllen – **Quae fuit enim causa, quam ob rem... vellet Caelius?:** Weshalb hätte Caelius... wollen? (irrealer Satzmodus) – *Aufbau der folgenden Satzstruktur:* Es folgen abwechselnd abhängige und direkte Fragen. Es ist besonders auf den nicht weiter gekennzeichneten Wechsel des Subjekts zu achten. – **Ne:** damit nicht (Subjekt?) – **Num:** (Fragepartikel) etwa? (erwartete Antwort?) – **crimen haerere:** in eine Anklage verstrickt sein – **num quis:** etwa irgendjemand? – **facere** (*feci, factum*) **mentionem:** erwähnen – **hic:** Caelius – **nomen deferre** (+ **Gen.**): jemanden anklagen (Satzmodus dieser Periode?) – **Quin etiam..., ... detulisset:** K

    audistis (Kurzform von *audivistis*)
      L. Herennium dicere (AcI 1)
          se molestum non futurum fuisse (AcI 2): irrealer Satzmodus
                                    („geworden wäre")

Quin etiam: ja sogar – **verbo:** Ablativ (instrumental) – **molestus:** lästig – **nisi... nomen detulisset:** Bedingungssatz im Irrealis (Tempus?) – **eadem de re:** Gegenstand der (wiederholten) Anklage des Caelius. Dieses forsche Auftreten des jungen Caelius gegen Bestia, den Freund des Herennius, mag auch ein Anlass für die Anklage gegen Caelius gewesen sein. – **suo familiari absoluto:** konzessiver absoluter Ablativ (‚obwohl') – **credibilis, is, e:** glaubwürdig – **facinus committere:** eine Untat begehen – **ut:** final – **scelus suscipere:** ein Verbrechen ausführen – **causâ** (+ **Gen.**): um willen – **alterius sceleris suscipiendi causâ:** „um des anderen auszuführenden Verbrechens willen" freie, elegante Übersetzung?

[57] Cui denique commisit, quo adiutore usus est, quo socio, quo conscio, cui tantum facinus, cui se, cui salutem suam credidit? Servisne mulieris? Sic enim obiectum est. Et erat tam demens hic, cui vos ingenium certe tribuitis, etiamsi cetera inimica oratione detrahitis, ut omnes suas fortunas alienis servis committeret? At quibus servis? Refert enim magnopere id ipsum. Iisne, quos intellegebat non communi condicione servitutis uti, sed licentius, liberius, familiarius cum domina vivere? Quis enim hoc non videt, iudices, aut quis ignorat in eius modi domo, in qua mater familias meretricio more vivat, in qua nihil geratur, quod foras proferendum sit, in qua inusitatae, libidines, luxuries, omnia denique inaudita vitia ac flagitia versentur, hic servos non esse servos, quibus omnia committantur, per quos gerantur, qui versentur isdem in voluptatibus, quibus occulta credantur, ad quos aliquantum etiam ex cotidianis sumptibus ac luxurie redundet? Id igitur Caelius non videbat?

committere: sich anvertrauen – **adiutor, is m**: Helfer (prädikativ!) – **uti** (+ **Abl.**): benutzen – **credere**: anvertrauen (Person im Dativ, Sache im Akkusativ); welche Worte hängen von *credidit* ab? – **Servisne**: erg. *credidit*; *-ne* Fragepartikel: erwartete Antwort? – **mulieris**: ↑Clodia – **obicere**: unterstellen – **demens, tis**: töricht – **etiamsi ceterâ inimicâ oratione detrahitis**: als Objekt ist Caelius zu denken – **detrahere**: herabsetzen (bildlich) – **ut... committeret**: Konsekutivsatz, lehnt sich an *tam demens* an – **fortunae, arum f.**: Vermögen – **committere**: anvertrauen – **At quibus servis**: erg. *committeret* – **refert** (*retulit*): es ist daran gelegen, es ist wichtig (unpers.) – **Iisne**: Dat. Pl. von *is, ea, id* mit Fragepartikel; erg. *committeret* – **quos... vivere**: Verschränkung von *quos intellegebat* (Relativsatz) und *quos... non... uti, sed... vivere* (davon abhängiger AcI) „von denen er wusste, dass sie..." – **communi condicione servitutis**: herkömmlicher Sklavenstand – **uti** (+ **Abl.**): gehören zu – **licens, tis**: freizügig – **liber, a, um**: ungezwungen – **familiaris, is, e**: vertraut – Warum Komparativformen? Von welchen Vergleichspartnern ist auszugehen? – **K**

Quis ... videt, ... ignorat
in eius modi domo, ...,
     in qua ... vivat,
     in qua ... geratur,
         quod ... proferendum sit,
     in qua ... versentur
hic servos non esse servos,
    quibus ... committantur,
    per quos ... gerantur
    qui versentur ...,
    quibus ... credantur,
    ad quos redundet?

in eius modi domo: in einem derartigen Haus – **meretrico more**: Charakterisierung Clodias (von *meretrix, icis*: jemand, der seinen Körper für Bezahlung anbietet) – **gerere**: ausführen – **foras**: nach draußen – **proferre**: tragen (bildlich) – **proferendum sit**: Bedeutung des verneinten Gerundiv? – **luxuries**: *luxuries, ei* = *luxuria, ae* – **inaudita**: (*audire*) unerhört – **flagitium**: Schandtat – **versari in** (+ **Abl.**): stattfinden, sich mit etw. beschäftigen – **committere**: überlassen – **occultum, i n.**: Geheimnis – **credere**: anvertrauen – **aliquantum**: ein guter Teil – **cotidianis**: (all)täglich – **sumptus, ûs m.**: Verschwendung – **redundare**: zukommen

[58] Si enim tam familiaris erat mulieris, quam vos vultis, istos quoque servos familiares esse dominae sciebat. Sin ei tanta consuetudo, quanta a vobis inducitur, non erat, quae cum servis potuit familiaritas esse tanta? Ipsius autem veneni quae ratio fingitur? ubi quaesitum est, quem ad modum paratum, quo pacto, cui, quo in loco traditum? Habuisse aiunt domi vimque eius esse expertum

in servo quodam ad eam rem ipsam parato; cuius perceleri interitu esse ab hoc comprobatum venenum.

tam... quam: so... wie – **familiaris:** vertraut – **mulier, is f.:** „Dame" (hier ironisch abschätzig)– **sciebat:** Subj. ist Caelius – **sin:** wenn aber – **consuetudo, inis f.:** Umgang (*tanta* = so eng) – **inducere:** darstellen – **quae:** wie – **ratio, onis f.:** Grund – **fingere:** ersinnen – **ubi... est:** (und in den Folgesätzen): Subj. ist *venenum* – **quem ad modum:** wie – **parare:** herbeischaffen – **quo pacto:** ‚auf welche Art und Weise'– **habuisse... domi:** Obj. ist *venenum* – **vis f.:** Wirkung – **experiri in (+ Abl.):** ausprobieren an – **parato:** Partizip abhängig von *servo* (*parare* = kaufen) – **cuius:** gemeint ist der Sklave – **perceler, is, e:** sehr schnell – **interitus, ûs m.:** Tod – **ab hôc:** gemeint ist Caelius – **comprobare:** billigen

Frage

Cicero unterstützt seine Beweisführung durch ein in diesem Abschnitt immer wiederkehrendes rhetorisches Mittel. Wie heißt es? Erläutern Sie seine Funktion!

(b) Giftmord an Celer

[59] Pro di immortales! Cur interdum in hominum sceleribus maximis aut conivetis aut praesentis fraudis poenas in diem reservatis? Vidi enim, vidi et illum hausi dolorem vel acerbissimum in vita, cum Q. Metellus abstraheretur e sinu gremioque patriae, cumque ille vir, qui se natum huic imperio putavit, tertio die post quam in curia, quam in rostris, quam in re publica floruisset, integerrima aetate, optimo habitu, maximis viribus eriperetur indignissime bonis omnibus atque universae civitati. Quo quidem tempore ille moriens, cum iam ceteris ex partibus oppressa mens esset, extremum sensum ad memoriam rei publicae reservabat, cum me intuens flentem significabat interruptis ac morientibus vocibus, quanta impenderet procella mihi, quanta tempestas civitati, et cum parietem saepe feriens eum, qui cum Q. Catulo fuerat ei communis, crebro Catulum, saepe me, saepissime rem publicam nominabat, ut non tam se emori quam spoliari suo praesidio cum patriam, tum etiam me doleret.

Pro: (Ausruf) O! – **conivere:** (ein Auge zudrücken) Nachsicht üben – **fraus, dis f.:** Verbrechen – **in diem:** auf später – **reservare:** verschieben – **haurire:** ertragen – **vel:** (beim Superlativ) unfraglich, unstreitig – **acerbus:** bitter – **abstrahere:** fortreißen – **sinus, ûs m.:** „Arme" – **gremium:** Schoß – **qui se natum ... :** erg. *esse* – **huic imperio:** zum Dienst an diesem Reich – **tertio die post quam:** „zwei Tage" (wörtl.?) nachdem (*quam* im Folgenden nicht zu übersetzen) – **curia:** ↑Kurie – **rostrum:** wörtl. Schiffsschnabel, Rednertribüne (nach ihrer Form so benannt), ↑rostra – **in re publica:** in Staatsgeschäften –

florere: glänzen, sich hervortun – **integerrima aetate:** (Kasusfunktion?) „die Blüte seiner Jahre" – **optimus habitus:** beste Gesundheit – **in-dignus:** unwürdig (Form im Text?) – **Quo quidem tempore ille moriens:** „Zu dem Zeitpunkt als er starb" – **opprimi (Form!):** entweichen – **sensus, ûs m.:** Gedanke – **intueri:** sehen – **me... flentem:** Konstruktion? – **impendere:** drohen – **procella:** Unwetter – **tempestas, atis f.:** Sturm – **paries, tis m.:** Wand – **ferire +** **Akk.:** klopfen an – **Q. Catulus:** vgl. Anhang – **communis, is, e:** bezieht sich auf paries! – **creber:** häufig (Form im Text?) – **emori:** sterben – **spoliari:** beraubt werden (mit welchem Kasus?) – **cum... tum...:** sowohl als auch besonders – **K** Bedenken Sie die Wortstellung im AcI (*doleret: se ... patriam... me... emori... spoliari*)! – **doleret:** „es schmerzte ihn, dass... "

[60] Quem quidem virum si nulla vis repentini sceleris sustulisset, quonam modo ille furenti fratri suo consularis restitisset, qui consul incipientem furere atque tonantem sua se manu interfecturum audiente senatu dixerit? Ex hac igitur domo progressa ista mulier de veneni celeritate dicere audebit? Nonne ipsam domum metuet, ne quam vocem eiciat, non parietes conscios, non noctem illam funestam ac luctuosam perhorrescet? Sed revertor ad crimen; etenim haec facta illius clarissimi ac fortissimi viri mentio et vocem meam fletu debilitavit et mentem dolore impedivit.

vis f.: Gewalt – **repentinus:** plötzlich – **sustulisset:** (*tollere*) beseitigen – **quonam:** welcher denn – **furere:** wahnsinnig sein – **fratri:** gemeint ist Ciceros persönlicher Feind P. ↑Clodius, der eigentlich ein Vetter des ↑Metellus war. Es war aber weit verbreitet, gerade auch in Ciceros Schriften, Vettern und Cousinen als Brüder und Schwestern zu bezeichnen. – **consularis, is m.:** Konsular = ehemaliger ↑Konsul – **consul:** Satzgliedfunktion? – **tonare:** laut tönen – **interficere** (Form? Konstruktion?): umbringen – **qui... dixerit:** (modaler Nebensinn) „wobei er sagte" – **audiente senatu:** Konstruktion? – **progredi:** hervortreten, herauskommen – **eicere:** hinauswerfen, (*vocem*) erheben – **parietes conscios, non noctem... luctuosam:** dir. Objekte zu *perhorrescet* – **perhorrescere:** in heftige Furcht geraten vor

(c) Aushändigung des Giftes

[61] Sed tamen venenum unde fuerit, quem ad modum paratum sit, non dicitur. Datum esse aiunt huic P. Licinio, pudenti adulescenti et bono, Caeli familiari; constitutum esse cum servis, ut venirent ad balneas Senias; eodem Licinium esse venturum atque iis veneni pyxidem traditurum. Hic primum illud requiro, quid attinuerit ferri in eum locum constitutum, cur illi servi non ad Caelium domum venerint. Si manebat tanta illa consuetudo Caeli, tanta familiaritas cum Clodia, quid suspicionis esset, si apud Caelium mulieris servus visus esset? Sin autem

iam suberat simultas, exstincta erat consuetudo, discidium exstiterat, „hinc illae lacrimae" nimirum, et haec causa est omnium horum scelerum atque criminum.

unde: woher (leitet indirekten Fragesatz ein) – **huic P. Licinio:** über P. Licinius ist sonst nichts bekannt; das Demonstrativpronomen gibt wohl einen Hinweis auf seine Anwesenheit bei der Gerichtsverhandlung. – **pudens, tis:** anständig – **constitutum esse:** indir. Rede erg. aiunt – **constituere:** übereinkommen, vereinbaren – **ad balneas Senias:** *balnea, ae* (meist im Plural *balneae, arum,* f.) ist das öffentliche ↑Bad; Senia, ae (im Text als Adjektiv) ist offensichtlich der Besitzer oder Inhaber des Bades; über ihn ist sonst nichts bekannt – **eodem:** (eben)dorthin – **venturum... traditurum:** Die indir. Rede wird fortgeführt. – **pyxis, idis f.:** Büchse (bes. für Salben und Arzneien): wozu dient das Gefäß hier? – **requirere:** nachfragen – **attinet:** (unpers.) es liegt daran + Infinitiv; erg. *venenum* – **ferri:** Form? – **manere:** bestehen bleiben – **suspicio, nis f.:** Argwohn, Verdacht; abhg. von *quid* (Welche Kasusfunktion: was an... ?) – **subire:** sich einschleichen – **simultas, atis f.:** Eifersucht, Spannung, Feindschaft – **discidium, ii n.:** Zerwürfnis, Trennung – **existere:** eintreten, auftreten, sich ereignen – **hinc illae lacrimae:** ein Zitat aus einer römischen Komödie des ↑Terenz mit dem Titel *Andria* (V. 126), „daher jene Tränen"; sprichwörtlich gebraucht (die Bedeutung hier?) – **ni-mirum:** kein Wunder, offensichtlich – **haec causa est:** Die Trennung von Clodia ist der eigentliche Grund nicht für die mutmaßlichen Verbrechen des Caelius, sondern für die Erhebung der Anklage ausgehend von einer Frau, die verlassen wurde und Rache schwört.

[62] „Immo", inquit, „cum servi ad dominam rem totam et maleficium Caeli detulissent, mulier ingeniosa praecepit his, ut omnia Caelio pollicerentur; sed ut venenum, cum a Licinio traderetur, manifesto comprehendi posset, constitui locum iussit balneas Senias, ut eo mitteret amicos, qui delitiscerent, deinde repente, cum venisset Licinius venenumque traderet, prosilirent hominemque comprenderent." Quae quidem omnia, iudices, perfacilem rationem habent reprehendendi. Cur enim potissimum balneas publicas constituerat? in quibus non invenio, quae latebra togatis hominibus esse posset. Nam si essent in vestibulo balnearum, non laterent; sin se in intimum conicere vellent, nec satis commode calceati et vestiti id facere possent et fortasse non reciperentur, nisi forte mulier potens quadrantaria illa permutatione familiaris facta erat balneatori.

Immo: nein; gegen den Vorwurf gerichtet, Caelius habe oben genannte Verbrechen begangen – **inquit:** (unpersönl.) sagt man – **maleficium,ii n.:** Übeltat, Untat – **detulissent:** *deferre* = hinterbringen – **ingeniosus:** schlau – **praecipere:** Anweisungen geben – **polliceri:** versprechen – **manifesto:** (Adv.) augenscheinlich, sichtbar – **comprehendere:** ergreifen – **eo:** dorthin – **delitescere:** sich verstecken – **deinde:** dann – **repente:** plötzlich, unvermutet – **prosilire:** hervorspringen – **comprenderent:** = *comprehenderent* – **quae omnia:**

erg. Behauptungen oder Anschuldigungen – **per-facilis, is, e:** sehr leicht – **perfacilem rationem ... reprehendendi:** (*reprehendere* = widerlegen) „lassen sich sehr leicht widerlegen" (Konstruktion?) – **potissimum:** am liebsten, ausgerechnet – **invenire:** (mit dem Geist) finden, sich ausdenken – **latebra:** Versteck, Schlupfwinkel – **togatus:** mit einer Toga bekleidet (Was hat man denn normalerweise in einem Bad an?) – **vestibulum:** Eingangsraum – **latere:** versteckt sein (sprachverwandt mit *delitescere* s.o.) – **intimum, i n.:** der Innenbereich – **se conicere:** sich eilig begeben, hineineilen – **commodus:** bequem, zweckmäßig – **nec satis commode:** kaum ungehindert – **calceatus:** mit Schuhen bekleidet, in Schuhen – **vestitus:** bekleidet – **recipere:** (her)einlassen – **forte:** zufällig – **quadrantaria:** ein Viertelas kostend (kleine Kupfermünze) – **permutatio, nis f.:** Tausch, Verwandlung – **quadrantaria illa permutatione:** „durch jene Viertelas-Verwandlung" (s. Frage) – **familiaris, is f.:** Freundin – **balneator, is m.:** Bademeister

Frage

> Ein Quadrans betrug der Eintritt in das ↑Bad, ein recht kleiner Betrag. Außerdem beliefen sich die Kosten für die Liebesdienste einer Straßendirne auf einen Quadrans. Zugleich macht Cicero eine Anspielung auf die Bezeichnung *quadrantaria Clytemnestra*, die Caelius in seiner eigenen Rede für Clodia gebraucht hat (nach ↑Quintilian 8.6.52). Clytemnestra (griech. Klytaimnestra) hat ihren Mann Agamemnon im Bad umgebracht, als er aus Troja heimkehrte, da sie inzwischen eine Beziehung mit Aigisth eingegangen war. Wie lässt sich Ciceros Bemerkung also deuten, wenn man die Anspielungen zusammennimmt?

[63] Atque equidem vehementer exspectabam, quinam isti viri boni testes huius manifesto deprehensi veneni dicerentur; nulli enim sunt adhuc nominati. Sed non dubito, quin sint pergraves, qui primum sint talis feminae familiares, deinde eam provinciam susceperint, ut in balneas contruderentur, quod illa nisi a viris honestissimis ac plenissimis dignitatis, quam velit sit potens, numquam impetravisset. Sed quid ego de dignitate istorum testium loquor? virtutem eorum diligentiamque cognoscite. „In balneis delituerunt." Testes egregios! „Dein temere prosiluerunt." Homines temperantes! Sic enim fingunt, cum Licinius venisset, pyxidem teneret in manu, conaretur tradere, nondum tradidisset, tum repente evolasse istos praeclaros testes sine nomine; Licinium autem, cum iam manum ad tradendam pyxidem porrexisset, retraxisse atque illo repentino hominum impetu se in fugam coniecisse. O magna vis veritatis, quae contra hominum ingenia, calliditatem, sollertiam contraque fictas omnium insidias facile se per se ipsa defendat!

equidem: ich jedenfalls – **exspectare:** warten – **quinam:** *qui* + *nam* = welche denn – **testis, is m.:** Zeuge – **huius... veneni deprehensi:** Genitivfunktion? – **dici (+ doppelter Nominativ):** bezeichnet werden als – **adhuc:** bislang – **non dubito, quin:** ich zweifle nicht daran, dass – **pergravis, is, e:** sehr würdig – **talis feminae:** gemeint ist Clodia (ironisch) – **primum... deinde:** zum ersten... und dann – **provinciam suscipere:** eine Aufgabe übernehmen – **contrudere:** hineinstecken – **quod:** Relativpronomen – **illa:** Clodia – **plenus dignitatis:** mit Würde versehen – **quam velit sit potens:** (Einschub) mag sie so mächtig sein, wie sie will – **impetrare:** erreichen, erlangen – **delituerunt:** (delitescere) sich verstecken – **egregius:** hervorragend – **dein:** (= *deinde*) dann, darauf – **temere:** blindlings, unüberlegt – **temperare:** Maß halten, besonnen sein – **fingere:** sich ausdenken, erfinden – **cum Licinius venisset,... teneret, conaretur, tenere, nondum tradidisset: K** abhängig vom AcI *tum... evola(vi)sse istos praeclaros testes...* Der AcI ist von *fingunt* abhängig. – **conari:** versuchen – **evolare:** evolasse verkürzt für *evolavisse*; herausfliegen, hervorstürzen – **Licinium..., retraxisse atque... coniecisse:** indir. Rede; noch abhängig von *fingunt* – **porrexisset:** (*porrigere*) vorstrecken – **ad tradendam pyxidem:** Konstruktion? *ad* + Akk.: Sinnrichtung bei dieser Konstruktion? – **retraxisse:** (*retrahere*) zurückziehen (erg. *manum*) – **impetus, ûs m.:** Angriff, Überfall – **se in fugam conicere:** eilig fliehen, sich in die Flucht stürzen – **vis f.:** Kraft – **ingenium, ii n.:** Schläue – **calliditas, atis f.:** Verschlagenheit – **sollertia:** List – **insidiae, arum f.:** Nachstellungen – **se per se ipsa:** wörtl.; Bezugswort zu *ipsa* ist *veritas* – **quae... defendat:** Der Konjunktiv ist durch einen konsekutiven Nebensinn bedingt (muss aber in der Übersetzung nicht zum Ausdruck gebracht werden).

[64] Velut haec tota fabella veteris et plurimarum fabularum poetriae quam est sine argumento, quam nullum invenire exitum potest! Quid enim? Isti tot viri (nam necesse est fuisse non paucos, ut et comprehendi Licinius facile posset et res multorum oculis esset testatior) cur Licinium de manibus amiserunt? Qui minus enim Licinius comprehendi potuit, cum se retraxit, ne pyxidem traderet, quam si tradidisset? Erant enim illi positi, ut comprehenderent Licinium, ut manifesto Licinius teneretur, aut cum retineret venenum aut cum tradidisset. Hoc fuit totum consilium mulieris, haec istorum provincia, qui rogati sunt; quos quidem tu quam ob rem „temere prosiluisse" dicas atque ante tempus, non reperio. Fuerant ad hoc rogati, fuerant ad hanc rem collocati, ut venenum, ut insidiae, facinus denique ipsum ut manifesto comprehenderetur.

Velut: wie zum Beispiel; das Folgende soll das zuvor Gesagte illustrieren und ausführen – **fabella:** Schauspiel – **vetus, eris:** alt, mit allen Wassern gewaschen – **fabulae, arum, f.:** Geschichten – **poetria:** Dichterin (gemeint ist Clodia) – **quam:** wie (leitet Ausruf ein) – **argumentum:** Zusammenhang – **exitus, ûs m.:** Ende, Schluss (des Stücks, der Geschichte); erg. „passendes/ richtiges Ende, Schluss" – **potest:** unpers.; Subj. ist man – **veteris et plurimarum fabularum**

poetriae: Beachte die unterschiedliche Zuordnung und Bedeutung der Attribute (verschiedene Kasusfunktionen)! Alt ist die Dichterin, sie ist aber auch eine Dichterin von ziemlich vielen (Elativ!) Geschichten. – **Quid enim?:** rhetor. Überleitung: „Wie also?" – **tot:** so viele (nicht deklinabel); gehört zum Subjekt des Fragesatzes *isti viri* – **pauci, ae, a:** wenige – **comprehendere:** ergreifen – **facile:** (Adv.) leicht – **testatior:** besser bezeugt (Form?) – **amittere:** verlieren – **qui:** inwiefern – **minus:** weniger gut; Vergleich – **retraxit, traderet:** Subj. ist jeweils Licinius – **tradidisset:** Satzmodus? – **positi esse:** postiert sein – **manifesto teneri:** auf frischer Tat ertappen – **retinere:** zurückhalten, behalten – **consilium:** Plan – **totum:** prädikativ; vollständig – **provincia:** (hier:) Aufgabe – **quos... non reperio:** K in dem Relativpronomen verschränken sich der Relativsatz und die indirekte Frage *quem ad modum ... dicas* (eine freiere Übersetzung ist notwendig; etwa: warum du meinst, sie seien blindlings und zu früh ..., kann ich nicht ...) – **reperire:** ausfindig machen – **ante tempus:** zu früh – **fuerant rogati, fuerant conlocati (= collocati):** ein gewissermaßen doppeltes Plusquamperfekt zeigt an, wie früh dies geschehen ist, wie lange der Plan schon Bestand hatte – **ad hoc:** zu diesem Zweck, deshalb – **collocare:** aufstellen – **comprehendere:** In einer Art Zeugma (s. Einleitung 1.2.3.) werden je nach Subjekt (*venenum, insidiae, facinus*) unterschiedliche Bedeutungen des Verbs *comprehendere* (eigentlich ergreifen) benötigt.

[65] Potueruntne magis tempore prosilire, quam cum Licinius venisset, cum in manu teneret veneni pyxidem? Quae cum iam erat tradita servis, si evasissent subito ex balneis mulieris amici Liciniumque comprehendissent, imploraret hominum fidem atque a se illam pyxidem traditam pernegaret. Quem quo modo illi reprehenderent? vidisse se dicerent? Primum ad se revocarent maximi facinoris crimen; deinde id se vidisse dicerent, quod, quo loco collocati fuerant, non potuissent videre. Tempore igitur ipso se ostenderunt, cum Licinius venisset, pyxidem expediret, manum porrigeret, venenum traderet. Mimi ergo est iam exitus, non fabulae; in quo cum clausula non invenitur, fugit aliquis e manibus, deinde scabilla concrepant, aulaeum tollitur.

Ganz wichtig: auf den Modus achten! – **-ne:** Fragepartikel in der Satzfrage (erwartete Antwort?) – **magis:** besser (hier fast schon als eine Art Attribut zu *tempore* zu verstehen) – **tempore:** zu dem Zeitpunkt – **quam:** als (Vergleich zu *magis*) – **cum:** Zeitverhältnisse beachten – **Quae:** Gebrauch des Relativpronomens? Bezugswort: *pyxis veneni* – **evasissent:** (*evadere*) hervorstürzen – **imploraret, pernegaret:** gibt hier die Möglichkeit in der Vergangenheit an (der seltene Potentialis der Vergangenheit) – **implorare:** erflehen – **fides, ei f.:** Beistand – **hominum:** Damit sind hier die umstehenden Menschen, andere Badegäste, gemeint. – **traditam:** erg. *esse* (Konstruktion?) – **pernegare:** vollständig verneinen – **Quem quo modo:** Gemeint ist: *Quomodo* (wie) *eum...* – **illi:** Gemeint sind die Spießgesellen Clodias, die auf der Lauer liegen. –

reprehendere: widerlegen – **reprehenderent, dicerent:** Diese Konjunktive drücken einen deliberativer Konjunktiv in der Vergangenheit aus: wie könnten ihn jene dann... – **vidisse se:** Konstruktion? Erg. *eum* oder *Licinium* als Obj.; mit *se* sind wiederum die Spießgesellen gemeint. – **ad se revocare:** auf sich lenken – **crimen, inis n.:** Verdacht – **revocarent, dicerent:** Konjunktiv drückt eine Möglichkeit in der Vergangheit aus – **quo loco:** lokaler Ablativ – **potuissent:** Was drückt der Konjunktiv hier aus? – **se ostendere:** sich zeigen – **expedire:** hervorholen – **mimus:** mimisches Schauspiel mit derben Witzen, das unter Tanz und Flötenspiel komische Szenen aus dem einfachen Volksleben auf die Bühne brachte; die weiblichen Rollen wurden auch von *meretrices* (Prostituierten) übernommen; Anspielung? – **in quo:** Bezug zu *mimus* – **clausula:** Schluss eines Schauspiels – **e manibus:** erg. seiner Feinde – **scabilla:** eine Art Klapper (am Fuß des *scabillarius*) um ein Zeichen zu geben, dass das Stück zu Ende sei. – **concrepare:** dröhnen – **aulaeum:** der römische Theatervorhang, der aber am Ende des Spiel von unten nach oben gezogen wurde (dies ist übrigens dessen erste Erwähnung in der überlieferten lateinischen Literatur) – **tollere:** in die Höhe heben

[66] Quaero enim, cur Licinium titubantem, haesitantem, cedentem, fugere conantem mulieraria manus ista de manibus amiserit, cur non comprenderint, cur non ipsius confessione, multorum oculis, facinoris denique voce tanti sceleris crimen expresserint. An timebant, ne tot unum, valentes imbecillum, alacres perterritum superare non possent?

titubare: zittern, schwanken – **cedere:** weichen – **titubantem (+ weitere Partizipien):** wie attributive Adjektive benutzt – **mulierarius:** zu einer Frau gehörig, von einer Frau bezahlt – **manus, ûs f.:** Schar, Handvoll, Hand (Wortspiel!) – **amittere:** verlieren (warum Konjunktiv Perfekt?) – **ipsius:** gemeint ist Licinius – **confessio, onis, f.:** Geständnis (Kasusfunktion der Alblative?) – **multorum oculis:** = *multis oculis* – **oculus:** Augenzeuge (Stilfigur?) – **denique:** schließlich (abschließend und hervorhebend) – **exprimere:** Ausdruck verleihen – **an:** oder, Einleitung der Satzfrage (argumentierend) – **tot:** so viele (Subjekt des Satzes, nicht deklinierbar) – **valens, tis:** stark, mächtig – **imbecillus:** schwach – **alacer, cris, cre:** eifrig, entschlossen – **perterritus:** heftig erschrocken – *Beachten Sie die Gegensatzpaare im letzten Satz (Stilfigur?)!*

(d) Zusammenhänge unlogisch; Caelius unschuldig

Nullum argumentum in re, nulla suspicio in causa, nullus exitus criminis reperietur. Itaque haec causa ab argumentis, a coniectura, ab iis signis, quibus veritas illustrari solet, ad testes tota traducta est. Quos quidem ego, iudices, testes non modo sine ullo timore, sed etiam cum aliqua spe delectationis exspecto.

argumentum: Beweis – **suspicio, nis f.:** Verdachtsmoment – **causa:** Fall – **reperietur:** (*reperire*) finden; beachte das Tempus! – **ab, a:** anstelle von, statt – **coniectura:** Schlussfolgerung – **illustrare:** ans Licht bringen – **traducere ad:** verweisen auf - **tota:** (ganz, vollständig) prädikativ – **ullus:** (in verneintem Satz) irgendein

[67] Praegestit animus iam videre primum lautos iuvenes mulieris beatae ac nobilis familiares, deinde fortes viros ab imperatrice in insidiis atque in praesidio balnearum collocatos; ex quibus requiram, quem ad modum latuerint aut ubi, alveusne ille an equus Troianus fuerit, qui tot invictos viros muliebre bellum gerentes tulerit ac texerit. Illud vero respondere cogam, cur tot viri ac tales hunc et unum et tam imbecillum, quam videtis, non aut stantem comprenderint aut fugientem consecuti sint; qui se numquam profecto, si in istum locum processerint, explicabunt. Quam volent in conviviis faceti, dicaces, non numquam etiam ad vinum diserti sint, alia fori vis est, alia triclinii, alia subselliorum ratio, alia lectorum; non idem iudicum comissatorumque conspectus; lux denique longe alia est solis, alia lychnorum. Quam ob rem excutiemus omnes istorum delicias, omnes ineptias, si prodierint. Sed me audiant, navent aliam operam, aliam ineant gratiam, in aliis se rebus ostentent, vigeant apud istam mulierem venustate, dominentur sumptibus, haereant, iaceant, deserviant; capiti vero innocentis fortunisque parcant.

praegestire (+ Infinitiv): sich lebhaft freuen, etw. zu tun – **animus:** steht hier für eine Person und muss nicht extra übersetzt werden; Cicero selbst ist gemeint; somit bedeutet *praegestit animus* hier nicht mehr als *praegestio* (1. Pers. Sg.) – **lautus:** eigtl. gewaschen, sauber, elegant – **nobilis:** Form? – **praesidium, ii n.:** Posten – **requirere (ex + Abl.):** fragen – **latere:** sich verstecken, versteckt sein – **-ne ... an ... :** ob... oder ... – **alveus, i, m.:** Badewanne – **invictus:** unbesiegt, unbesiegbar – **bellum gerere:** einen Krieg führen – **tulerit:** (ferre) aufnehmen – **tegere:** (ver)bergen – **gerentes:** Attribut zu *viros* – **muliebre bellum:** Obj. zu *gerentes* – **respondere:** beantworten – **cogere:** zwingen (erg. sie) – **hunc et unum et...:** *et... et...* muss nicht übersetzt werden – **quam:** wie – **stantem:** (*stans, tis* zu *stare*) an Ort und Stelle – **fugientem:** (*fugiens, tis* zu *fugere*) auf der Flucht – **consecuti sint:** (*consequi*) einholen, erreichen – **profecto:** sicherlich – **locum:** gemeint ist das Gericht – **procedere (in + Akk.):** auftreten; Form und Funktion an dieser Stelle? – **se... explicare:** sich retten, sich befreien (übertr.); Subj. sind die Spießgesellen Clodias – **quam volent:** In Anlehnung an *quamvis* (*quam* + 2. Pers. Sg. von *velle*) hat *quam* hier eine andere Form von *velle* (welche?) bei sich, die nicht übersetzt werden muss, und bedeutet genau dasselbe wie *quamvis*; hier etwa: noch so – **convivium, i n.:** Gelage – **facetus:** witzig – **dicax, cis:** schlagfertig – **disertus:** beredt (*ad* = beim) – **sint:** zu allen Adjektiven im Nom. Plur. zu ergänzen; Funktion des Konjunktivs? – **vis f.:** Kraft, Fähigkeit, Durchsetzungsvermögen – **alia... vis est, alia...:** *vis est* ist nach zweitem *alia* zu ergänzen; es handelt sich um einen Vergleich. – **forum:** Marktplatz als Ort der öffentlichen Debatten und Gerichtsverhandlungen – **triclinium, i n.:** Speisesofa für drei Personen, Speisezimmer (Ort der Gelage) – **alia... ratio, alia...:** erg. est, bzw. ratio est nach alia (mit zweitem Vergleich) – **subsellium, i n.:** Sitzbank, Gerichtsbank – **lectus:** Ruhebett, Speisesofa – **idem:** derselbe (zu *conspectus, ûs* m.: Anblick) – **comissator, is m.:** Trinkbruder, Zechkumpan – **longe:** bei weitem – **lychnus:** Leuchter – *Worauf zielen diese Vergleiche?* – **excutere:** austreiben, herausschütteln – **deliciae, arum f.:** Freuden (negativ belegt) – **ineptia:** Unzulänglichkeit – **prodire:** auftreten – **audiant:** Funktion des Konjunktivs? (vgl. weitere Verbformen des Satzes!) – **navare:** eifrig betreiben – **gratiam inire:** sich beliebt machen – **se ostentare:** sich wichtig machen – **vigere:** Stärke zeigen – **venustas, atis f.:** Liebreiz, Anmut, Liebenswürdigkeit – **dominari:** Herrschaft, Macht zeigen – **sumptus, ûs m.:** Ausgabe, Verschwendung (Kasusfunktion?) – **haerêre:** an jdm. hängen – **deservire:** dienen, sich völlig unterordnen (An welches Objekt der zuletzt genannten Verbalvorgänge ist zu denken?) – **caput, itis n.:** Person, Ehre – **innocens, tis:** unschuldig (substantiviert) – **fortuna:** Glück, Unglück, Schicksal, Leben, Vermögen – **parcĕre (+ Dat.):** schonen

Frage

> Cicero spielt in diesem Abschnitt auf das trojanische Pferd an. Inwiefern besteht hier eine Verbindung zu dem schon angesprochenen Schauspielcharakter der Rede (vgl. Einleitung 1.4.7.)? Bedenken Sie dabei auch die jeweils unterschiedlichen Kontexte der Situation, die beschrieben wird, und derjenigen, auf die angespielt wird!

(e) Befreiung der Sklaven – Dilemma

[68] At sunt servi illi de cognatorum sententia, nobilissimorum et clarissimorum hominum, manu missi. Tandem aliquid invenimus, quod ista mulier de suorum propinquorum, fortissimorum virorum, sententia atque auctoritate fecisse dicatur. Sed scire cupio, quid habeat argumenti ista manumissio; in qua aut crimen est Caelio quaesitum aut quaestio sublata aut multarum rerum consciis servis cum causa praemium persolutum. „At propinquis" inquit „placuit." Cur non placeret, cum rem tute ad eos non ab aliis tibi allatam, sed a te ipsa compertam deferre diceres?

de... sententia: nach Entscheidung..., mit Zustimmung der... – **cognatus:** Verwandter – **manu missi:** (*mittere*: losschicken, entlassen) aus der Hand entlassen, freigelassen; Sklaven könnten zu einem Verhör, auch unter Folter, herangezogen werden. Um dem zu entgehen, können sie freigelassen werden. Dies stand aber einer Frau normalerweise nicht zu. Daher muss dies mit Einverständnis von Clodias sogenanntem *tutor*, einer Art männlichem Vormund geschehen (im Text die beschriebenen *homines*). – **propinquus:** nahe, vertraut, verwandt (substantiviert) – **auctoritas, atis f.:** Rat – **scire:** wissen – **quid... argumenti:** was an Beweiskraft, welche Beweiskraft (Genitivfunktion?) – **manumissio, nis f.:** Freilassung – **crimen, inis n.:** Anklage – **Caelio:** *dativus incommodi* – **quaestio, nis f.:** Verhör – **sublata:** (*tollere*) vereiteln – **multarum rerum:** von *consciis* (mitwissend) abhängig – **causa:** Kasusfunktion? – **persolutum:** (*persolvere*) bezahlen – **placere (+ Dativ):** jdm. gefallen; (oder das eigentlich indirekte Objekt wird zum Träger der Handlung, *propinquiis*) haben beschlossen, zugestimmt – **placeret:** Funktion des Konjunktivs? – **res, rei f.:** (Rechts)Fall – **tute:** = *tu* – **tibi:** abhängig von *allatam* (*afferre*: zutragen) – **compertam:** (*comperire*) zuverlässig erfahren, genaue Kunde erhalten – **a te ipsa:** zu *compertam* gehörig – **deferre:** mitteilen; bei dem hier angesprochenen Fall handelt es sich offensichtlich um einen Giftmordversuch Clodias. Darüber wissen wir aber nichts Genaueres. Cicero hält sich sehr bedeckt. – **diceres:** Im davon abhängigen AcI ist das Subjekt *te* zu ergänzen.

[69] Hic etiam miramur, si illam commenticiam pyxidem obscenissima sit fabula consecuta? Nihil est, quod in eius modi mulierem non cadere videatur. Audita et percelebrata sermonibus res est. Percipitis animis, iudices, iam dudum, quid velim vel potius quid nolim dicere. Quod etiamsi est factum, certe a Caelio non est factum (quid enim attinebat?); est enim ab aliquo adulescente fortasse non tam insulso quam non verecundo. Sin autem est fictum, non illud quidem modestum, sed tamen est non infacetum mendacium; quod profecto numquam hominum sermo atque opinio comprobasset, nisi omnia, quae cum turpitudine aliqua dicerentur, in istam quadrare apte viderentur.

Hic: hier – **etiam:** noch – **mirari:** sich wundern – **commenticius:** gefälscht, erlogen, erdichtet – **obscenus:** unanständig (Form?); unklare Anspielung Ciceros (vgl. die Frage im Anschluss an diesen Abschnitt!) – **sit ... consecuta:** (*consequi*) zum Ausgang nehmen (+ Akkusativ); Funktion des Konjunktivs? – **eius modi:** derartig – **cadere in (+ Akk):** passen zu – **percelebrare:** (im Passiv) in aller Munde sein – **sermo, nis m.:** Gespräch (Form und Funktion des Kasus im Text?) – **percipere animis:** mit dem Verstand aufnehmen, verstanden haben – **dudum:** längst – **potius:** eher, lieber, besser – **vel potius:** auf *nolim* zu beziehen – **Quod:** Funktion? – **attinere:** darauf ankommen, daran liegen (nämlich für Caelius!) – **est:** erg. *factum* – **insulsus:** geistlos, abgeschmackt, albern (beachte die doppelte Verneinung!) – **verecundus:** sittsam, anständig, schamhaft (trägt zur Charakterisierung des Caelius bei) – **sin:** wenn aber – **fictum est:** (*fingere*) erfinden, sich ausdenken – **modestus:** maßvoll, besonnen, anständig – **quidem:** wenigstens, jedenfalls – **infacetus:** unwitzig – **mendacium, i n.:** Lüge(ngeschichte) – **sermo atque opinio:** Hendiadyoin (s. Einleitung 1.2.3.) – **comprobasset:** (=

comprobavisset) anerkennen, bestätigen – **turpitudo, inis f.**: Schändlichkeit, Unsittlichkeit – **dicerentur**: Form steht in Anlehnung an *viderentur* und muss nicht als Konjunktiv ins Deutsche übersetzt werden (*attractio modi*). – **istam**: gemeint ist Clodia – **quadrare in (+ Akk.)**: stimmen zu, passen zu (vgl. aber auch 62 *quadrantaria* im Zusammenhang mit Clodia!) – **aptus**: genau angepasst, als Adverb: genau – *Satzmodus? – Was können die vielen Verneinungen in diesem Abschnitt stilistisch leisten?*

Frage

↑Quintilian (*Institutio oratoria* 6.3.25) nimmt diese Anspielung in seine Ausführungen zum Lachen und zum Lächerlichen während einer Rede auf: „Weiter also besteht das Lächerliche entweder darin, dass wir es tun oder sagen. Bei einer Handlung lässt sich das, was zum Lachen bringt, bisweilen mit Ernst vermischen, [...]. Zuweilen geschieht eine solche Handlung auch ohne Rücksicht auf das Schamgefühl der Leser, z.B. in der Szene mit der Büchse [= *pyxis*] in der Caeliusrede, was keinem Redner und überhaupt keinem Mann von Ansehen statthaft sein dürfte." In der älteren Forschung wurde auch noch spekuliert, dass die folgende Szene einer Satire ↑Juvenals (2.137-140), in der auf die Unfruchtbarkeit verheirateter Frauen eingegangen wird, eine inhaltliche Erläuterung dieser Cicerostelle sein könnte: „Inzwischen bleibt es für die Bräute eine gewaltige Folter, für den Fall dass sie nicht gebären und durch die Geburt die Männer festhalten können. Doch es ist besser, dass die Natur solchen Absichten kein Recht über die Körper gewährt: unfruchtbar sterben sie, und jenen nützt die angeschwollene [schwangere] Lyde mit ihrer wohlriechenden Medizinbüchse [= *pyxis*] nicht. "
Deuten Sie Ciceros Aussagen im Lichte der rhetorischen Erörterung ↑Quintilians! Bedacht werden sollte noch, dass die Ehe im damaligen Rom auch und vor allem dazu dienen sollte, legitime Kinder zu gebären. Scheidungen waren einfach und sehr häufig. *Matrimonium*, das gebräuchliche lateinische Wort für Ehe, heißt wörtlich wiedergegeben auch soviel wie: 'das Mutter sein' oder 'das Bemuttern'.

4. [70]-[80] *Peroratio*

Cicero kommt noch einmal auf Caelius' Lebenswandel und -weg (de moribus ac vita) zu sprechen. Er hebt dessen Verdienste hervor, v.a. seinen Aufenthalt in der Provinz und die juristische Tätigkeit auf dem Forum (70-71). Caelius habe längst von seiner jugendlichen Unüberlegtheit abgelassen (72-77).

4.1. [70]-[71] *Recapitulatio*

[70] Dicta est a me causa, iudices, et perorata. Iam intellegitis, quantum iudicium sustineatis, quanta res sit commissa vobis. De vi quaeritis. Quae lex ad imperium, ad maiestatem, ad statum patriae, ad salutem omnium pertinet, quam legem Q. Catulus armata dissensione civium rei publicae paene extremis temporibus tulit, quaeque lex sedata illa flamma consulatus mei fumantes reliquias coniurationis exstinxit, hac nunc lege Caeli adulescentia non ad rei publicae poenas, sed ad mulieris libidines et delicias deposcitur?

causa: Plädoyer – **perorare:** (eine Rede, einen Vortrag, ein Plädoyer) beenden, schließen – **iudicium, i n.:** Gerichtsurteil – **sustinere:** auf sich nehmen – **sit commissa:** (*committere* + Dat.) übertragen – **vis f.:** Gewaltverbrechen – **quaerere:** eine gerichtliche Untersuchung über etw. anstellen – **maiestas, atis f.:** (Staats)Hoheit – **status, ûs m.:** Lage, Verfassung, Verhältnisse, Beschaffenheit – **pertinere ad (+ Akk.):** sich beziehen auf, etw. dienen – **legem... tulit:** (*legem ferre*) ein Gesetz einreichen – **Q. Catulus:** ein führender Mann der Nobilität; er reichte dieses Gesetz 78/77 v. Chr. als ↑Konsul ein, s. Anhang – **dissensio, onis f.:** Streitigkeit, Aufstand – **paene:** beinahe – **extremis temporibus:** in äußerster Notlage – **sedare:** stillen, beschwichtigen, löschen – **sedata illa flamma:** Konstruktion? – **fumare:** rauchen – **reliquiae, arum f.:** Überreste – **coniuratio, onis f.:** Verschwörung – **exstinguere:** löschen, eindämmen, beseitigen – **hac:** Die Partikel für die Satzfrage fehlt. – **Caeli:** = *Caelii* – **adulescentia:** Jugend – **deliciae, arum f.:** Wollust, Vergnügen, Schlüpfrigkeiten – **libidines atque deliciae:** Stilmittel? – **deposcere ad (+ Akk.):** gemäß der... zur Verantwortung ziehen; Ciceros Wortspiel (hier schon fast ein Zeugma, s. Einleitung 1.2.3.) lässt sich nur schwer ins Deutsche übertragen. Das Verb *deposcere* (*ad*) ist hier eigentlich ein juristischer Fachterminus, der dann auf die Eigenheiten Clodias übertragen wird.

4.2. [72]-[77] *Amplificatio*

[77] Quare, si cui nimium effervisse videtur huius vel in suscipiendis vel in gerendis inimicitiis vis, ferocitas, pertinacia, si quem etiam minimorum horum aliquid offendit, si purpurae genus, si amicorum catervae, si splendor, si nitor, iam ista deferverint, iam aetas omnia, iam usus, iam dies mitigarit. Conservate igitur rei publicae, iudices, civem bonarum artium, bonarum partium, bonorum virorum. Promitto hoc vobis et rei publicae spondeo, si modo nos ipsi rei publicae satis fecimus, numquam hunc a nostris rationibus seiunctum fore. Quod cum fretus nostra familiaritate promitto, tum quod durissimis se ipse legibus iam obligavit.

76

Quare: daher – **cui:** ~ *alicui* (Obj. zu *videtur*) – **nimium:** allzu sehr – **effervisse:** (*effervescere*) aufbrausen – **huius... vis:** Sinneinheit gehört zusammen (Stilfigur?); *huius* steht für Caelius – **suscipere inimicitias:** Feindschaften suchen – **gerere inimicitias:** Feindschaften pflegen, ausfechten (Konstruktion im Text?) – **ferocitas, atis f.:** Wildheit – **pertinacia:** Halsstarrigkeit – **quem:** steht für aliquem – **aliquid:** mit *genitivus partitivus* – **offendere:** verletzen (in übertr. Sinn) – **purpurae genus:** vielleicht ein besonders kostbarer Purpurstoff, den die Ankläger zum Anlass nahmen, Caelius lebe über seine Verhältnisse – **caterva:** Schar – **splendor, is m.:** Glanz, Eleganz – **nitor, is m.:** Schönheit, Eleganz – **deferverint:** (*defervescere*) abklären, nachlassen (*ista* als Subjekt); nimmt voriges *effervisse* wieder auf – **usus, ûs m.:** Praxis, (Lebens)Erfahrung – **dies, ei f.:** (Länge, Dauer der) Zeit – **mitigarit:** (= *mitigaverit, mitigare*) mildern – **ars, tis f.:** Fertigkeit, Können – **partes, tium f.:** Seite (politisch, moralisch) – **bonorum virorum:** den redlichen Männern zugehörig – **promittere:** versprechen – **spondere:** geloben – **si modo:** so wahr – **satisfacere:** Genüge leisten, Pflichten erfüllen – **ratio, nis f.:** Absicht – **seiungere:** (im Pass.) abweichen – **cum... tum... :** sowohl ... als auch besonders – **fretus (+ Abl.):** im Vertrauen auf – **quod:** weil – **se ... obligare (+ Dat.):** sich etw. verpflichten

Frage

Es sind auch noch weitere Zeugnisse zum Charakter und zum Verhalten des Caelius überliefert (vgl. auch 3.2.): „Viel Geist findet sich bei Caelius und besonders, wenn er der Ankläger ist, viel vom Witz im Gesellschaftston der Hauptstadt; der Mann hätte es verdient, dass ihm eine bessere Gesinnung und ein längeres Leben vergönnt gewesen wäre." (↑Quintilian, *Institutio oratoria* 10.1.115)

Ähnlich schreibt auch Cicero in seinem späteren rhetorischen Werk *Brutus* (273): „Auch Marcus Caelius, meine ich, darf man nicht übergehen, wie immer auch bei seinem Ende sein Schicksal oder seine Gesinnung war. [...]. Doch ich weiß nicht, wie es kam: als ich mich entfernte, entfernte er sich von seinem wahren Selbst und kam zu Fall, nachdem er begonnen hatte, es jenen nachzutun, die er selbst zu Fall gebracht hatte."

Auf welchen Lebensabschnitt beziehen sich diese beiden Aussagen? Wie mochte Cicero sein Verhältnis zu Caelius verstanden wissen?

4.3. [79]-[80] *Commiseratio*

[79] Quod cum huius vobis adulescentiam proposueritis, constituitote ante oculos etiam huius miseri senectutem, qui hoc unico filio nititur, in huius spe requiescit, huius unius casum pertimescit; quem vos supplicem vestrae misericordiae, servum potestatis, abiectum non tam ad pedes quam ad mores sensusque vestros, vel recordatione parentum vestrorum vel liberorum

iucunditate sustentate, ut in alterius dolore vel pietati vel indulgentiae vestrae serviatis. Nolite, iudices, aut hunc iam natura ipsa occidentem velle maturius exstingui vulnere vestro quam suo fato, aut hunc nunc primum florescentem firmata iam stirpe virtutis tamquam turbine aliquo aut subita tempestate pervertere.

Quod: dabei, dazu – **proponere:** (+ Dat.: *vobis*; + Akk.: *adulescentiam*) sich vor Augen stellen, den Blick zuwenden – **constituitote:** (Imperativ Futur) ihr sollt... – **ante oculos constituere:** sich vor Augen stellen – **huius miseri senectutem:** Cicero denkt offensichtlich an den Vater Ciceros, der in der Gerichtsverhandlung sitzt. Es beginnt der Teil der *miseratio*, der emotionalen Bitte um Mitgefühl. – **niti** (+ Abl.): sich stützen auf – **huius:** Genetivfunktion? – **requiescere in (+ Abl.):** in etw. seine Ruhe finden – **casus, ûs m.:** Unglück – **pertimescere:** (sehr) fürchten – **supplex, icis m.:** Schutzflehender, Hilfesuchender – **abiectum:** (*abicere*) zu Füßen (nieder)werden – **recordatio, onis f.:** Erinnerung – **iucunditas, atis f.:** Freude – **sutentare:** aufrichten – **ut:** (explikativ) indem – **pietas, atis f.:** Rücksichtnahme – **indulgentia:** Nachsicht, Güte – **servire (+ Dat.):** sich einer Sache befleißigen – **Nolite:** mit davon abhängigem AcI – **hunc:** älterer Caelius – **occidere:** dahinscheiden (attributiv zu *hunc*) – **maturius:** (Adv.) schneller – **vulnus, eris n.:** Wunde – **fatum:** (das verhängte) Schicksal – **hunc:** Caelius (der Angeklagte) – **primum:** zum ersten Mal – **florescere:** in der Blüte stehen (attributiv zu *hunc*) – **firmare:** festigen – **stirps, pis f.:** Stamm – **tamquam:** gleichwie (leitet einen Vergleich ein) – **turbo, inis f.:** Wirbel – **tempestas, atis f.:** Unwetter – **pervertere:** umstürzen – *Beachten Sie die Metaphern!*

[80] Conservate parenti filium, parentem filio, ne aut senectutem iam prope desperatam contempsisse aut adulescentiam plenam spei maximae non modo non aluisse, vos verum etiam perculisse atque adflixisse videamini. Quem si nobis, si suis, si rei publicae conservatis, addictum, deditum, obstrictum vobis ac liberis vestris habebitis omniumque huius nervorum ac laborum vos potissimum, iudices, fructus uberes diuturnosque capietis.

parens, tis m.: Vater – **ne... vos... videamini:** verneinter Finalsatz – **prope:** beinahe – **desperatam:** hoffnungslos, ohne Hoffnung – **contemnere:** verachten – **plenus (+ Gen.):** voll von – **non modo non... verum etiam...:** nicht nur nicht..., sondern auch... – **aluisse:** (*alere*) nähren – **percellere:** erschüttern, niederschmettern – **affligere:** niederschlagen, zu Boden werfen – **si... conservatis:** *quem* (gemeint ist Caelius) und *conservatis* ist in allen drei *si*-Sätzen zu ergänzen. – **addictus:** zugetan, ergeben – **deditus:** anhänglich, hingegeben – **obstringere:** verpflichten – **huius:** gemeint ist Caelius (der Angeklagte) – **nervus:** Mühe – **potissimum:** (Adv.) hauptsächlich (zu *vos* und *iudices*) – **uber,**

ris: reich – **diuturnus:** langewährend – **capere:** ernten – *Beachten Sie auch hier die Metaphern! Welchem Themenkreis sind sie entnommen?*

Frage

Welche Mittel, die Geschworenen zu „überzeugen", wendet Cicero abschließend an? Woran appelliert er?

Abschlussfragen (auch auf den Paralleltext 3.1 anwendbar)

a) Halten Sie eine solche Rede mit den gezeigten Mitteln der Beweis-führung in einem modernen Rechtsverfahren für möglich? Begründen Sie Ihre Antwort!

b) Peter Krafft schreibt in seiner Einführung zu *Orientierung Klassische Philologie* auch über Ciceros Leistungsvermögen als Anwalt. Er nimmt Ciceros Taktieren in *Pro Milone*, der – wenn auch fehlgeschlagenen – Verteidigung eines erwiesenen Mörders, als Ausgangspunkt für seine Argumentation:

„Ein *Laie* [Kraffts Hervorhebungen], der Ciceros Rede liest, kommt schwerlich umhin, diese bedeutende Persönlichkeit der Antike [gemeint ist Cicero] enttäuscht als skrupellosen Politiker ohne Rechtsgefühl und Moral anzusehen, der selbst vor der Verharmlosung eines evidenten Mordes nicht zurückscheute. Erst die *philologische* Hintergrund-information, dass antike Redner von ihrem Standesethos her verpflichtet waren, für ihren Klienten das Äußerste zu wagen und statt eines be-weisenden Sachvortrags ein *rhetorisches* Meisterwerk abzuliefern hatten, das mit geschickten und packenden Formulierungen die Geschworenen überreden sollte, befreit Cicero von diesem ungünstigen Eindruck: Seine Rolle spiegelt gar nicht seine Persönlichkeit und Einstellung wieder, sondern ist ein typisches Produkt der damaligen Rechtskultur und nur auf diesem vom heutigen Standard abweichenden Hintergrund adäquat zu verstehen. Das Bemühen um ein solches Verständnis bliebe freilich akademisch, wenn es nicht zugleich das Augenmerk auf die rhetorische Manipulation der Hörer bzw. Leser richtete, […]."

Kommentieren und bewerten Sie diese Stellungnahme Kraffts! Inwieweit würden die hier vorgestellten Reden *Pro Caelio* und unten *Pro Cluentio* ebenfalls Anlass für die Bedenken eines „Laien" bieten?

3. Paralleltexte (Deutsch und Lateinisch)

3.1. Aus der Rede für A. Cluentius Habitus (Übersetzungen nach M. Fuhrmann)

In seiner Zeit als ↑Praetor (66 v.Chr.) trat Cicero erfolgreich an, um Aulus Cluentius Habitus zu verteidigen. Dem angeklagten römischen Ritter aus dem Städtchen Larinum (heute Larino, in der süditalienischen Provinz Campobasso) wurde zweierlei vorgeworfen: Zum einen soll er seinen Stiefvater Statius Albius Oppianicus mit Gift ermordet haben, zum anderen habe Cluentius 74 v.Chr. in einem von ihm selbst in die Wege geleiteten Gerichtsverfahren die Richter bestochen. Dabei wurde Oppianicus nämlich schuldig gesprochen, einen Giftmord gegen Cluentius geplant zu haben. So wollten es die Anklage mit dem Hauptankläger Titus Accius und ihm beipflichtend der junge Oppianicus, Sohn des Ermordeten.

Der Hauptvorwurf galt dem mutmaßlich durchgeführten Giftverbrechen. Wie die Anklage, so setzte sich auch Cicero in der Verteidigung zunächst ausführlich mit der Bestechungsaffäre auseinander. Cicero holt dabei sogar noch weiter aus. Der erste Teil dieser äußerst langen Rede (202 Paragraphen) lässt sich in drei Abschnitte untergliedern. Cicero geht auf Oppianicus' verbrecherisches Vorleben ein, auf den Vorfall aus dem Jahr 74 v.Chr. und die Bestechungsaffäre. Schon im Prooemium lenkt Cicero das Publikum, wenn er vorgibt, der Hauptvorwurf, Cluentius' Giftmord, sei völlig unbegründet und bedürfe nur weniger Worte. Der Vorwurf des Giftmords nimmt dann auch nur die Paragraphen 160-194 ein.

Im ersten Teil (12-18) charakterisiert Cicero Sassia, die Mutter des Cluentius. Sie soll im Hintergrund die Fäden ziehen und wird als Unperson dargestellt. Hier heißt es z.B. (18): „Kein Unheil erfuhr A. Cluentius in seinem Leben, in keine Lebensgefahr geriet er, kein Übel hat er gefürchtet, das nicht in ganzem Ausmaß von der Mutter ausgeheckt und verursacht worden wäre. [...]. Denn eben dieser Prozess, diese Gefahr, diese Anklage, die gesamte Schar an Zeugen, die auftreten wird, wurde von Anfang an von der Mutter geplant, wird jetzt von der Mutter eingesetzt und mit allen ihren Möglichkeiten und Mitteln bereit gestellt. Sie selbst eilte schließlich vor kurzem aus Larinum nach Rom, um ihn zu vernichten. Die kühne, reiche, grausame Frau ist hier; sie setzt die Ankläger ein, sie unterrichtet die Zeugen, sie hat ihre Freude an der schmutzigen Trauerkleidung des Angeklagten, sie wünscht dessen Tod, sie ist bereit, ihr gesamtes Blut zu vergießen, solange sie nur sieht, dass dessen Blut zuvor vergossen wurde."

In dem Abschnitt, in dem Cicero die Vorwürfe behandelt, Cluentius habe einen Giftmord begangen, geht der Redner sehr schnell voran. Der Redner reiht

den Mord in eine Reihe anderer versuchter Mordanschläge ein, deren Un-
richtigkeit sich leicht erweisen lassen. So lesen wir 166-167 folgenden Argu-
mentationsgang, in dem von einem Mordversuch am jüngeren Oppianicus gehandelt wird: „Der andere Vorwurf eines Giftverbrechens: dem jungen
Oppianicus hier sei auf Anstiften des Habitus Gift bereitet worden, während auf
seiner Hochzeit nach dem Brauch der Einwohner von Larinum zahlreiche Leute
zu Tisch saßen; man habe ihm das Gift in einem Mischtrank gereicht; da sei ihm
ein gewisser Balbutius, ein Freund dazwischengekommen; er habe es getrunken
und sei sofort gestorben. Wenn ich diese Sache behandeln wollte, als hätte ich
einen Schuldvorwurf zu entkräften, dann würde ich ausführlicher davon
sprechen; jetzt eilt meine Rede rasch darüber hinweg. [...]. Doch was war das für
eine Gelegenheit, an jenem Tag das Gift zu verabreichen, vor so vielen Leuten?
Ferner: durch wen wurde es verabreicht? Woher stammt es? Was bedeutet so-
dann die Wegnahme des Bechers? Und warum wurde das Gift nicht noch einmal
verabreicht? Man kann noch vieles dazu sagen; doch ich will nicht den Anschein
erwecken, ich hätte, indem ich nicht davon sprach, davon sprechen wollen; denn
die Sache spricht für sich selbst."

Im Anschluss daran wendet sich Cicero dem Hauptvorwurf zu (169): „Jetzt
bleibt mir noch eine derartige Anschuldigung, ihr Richter; aus ihr könnt ihr
ersehen, was ich zu Beginn meiner Rede gesagt habe: was A. Cluentius in diesen
Jahren an Üblem erlebt hat, was seine gegenwärtige Lage an Besorgnissen und
Schwierigkeiten mit sich bringt, das hat ihm samt und sonders die Mutter zusam-
mengebraut. Ihr behauptet, Oppianicus sei durch Gift umgekommen, das man
ihm mit Hilfe eines gewissen M. Asellius, eines Bekannten von ihm, in einem
Brot verabreicht habe, und dies sei auf Anstiften des Habitus geschehen."

Cicero stellt im Anschluss die Frage nach Cluentius' Motiv. Als Grundlage
der weiteren Argumentation setzt er fest, dass man Feinde – die bestehende
Feindschaft zwischen Cluentius und dem älteren Oppianicus gibt Cicero zu –
nur dann beseitigen würde, wenn sie gefürchtet oder gehasst werden (170). Auf
dieser Basis kann Cicero die Vorwürfe abwehren.

Im Anschluss lässt sich Cicero wieder auf den konkreteren Tathergang ein.
Seine Zweifel begegnen dem Mittäter M. Asellius, der als Freund des
Oppianicus bei dieser Tat kaum im Sinne des Cluentius hätte mitwirken können
(172). Die Form der Giftübergabe scheint ebenfalls wenig glaubwürdig zu sein;
noch unfassbarer ist Cluentius' Täterschaft (173-74): „Nun erst dieser Punkt, ihr
Richter, wie unwahrscheinlich, wie seltsam, wie neuartig: das Gift sei in einem
Brot verabreicht worden! Ging das leichter als in einem Becher, ging das heim-
licher, wenn es irgendwo in einem Brot versteckt als wenn es ganz und gar in
einem Getränk verflüssigt war; konnte es schneller gegessen als getrunken in die
Adern und alle Teile des Körpers dringen, konnte es, wenn man aufgepasst hätte,
leichter in einem Brot täuschen als in einem Becher, worin es ununterscheidbar
vermischt gewesen wäre? Doch er starb ja eines plötzlichen Todes. Wenn das zu-
träfe, dann gäbe die Sache, weil so etwas vielen begegnet, trotzdem keinen

zureichenden verdacht auf Gift her; wenn sie ihn hergäbe, dann fiele er trotzdem eher auf andere als auf Habitus."

Dann steht wieder Sassias Wirken im Mittelpunkt der Darlegung. Cicero verschweigt nicht, wie sich Sassia mit einem Pächter einließ, als Oppianicus noch krank und geschwächt dalag. Zur eigentlichen Thematik zurückkehrend berichtet Cicero: Oppianicus habe sich erholt, sei auf seinem Weg zurück nach Rom vom Pferd gestürzt und letztendlich den Verletzungen erlegen. Sassia ließ daraufhin wiederholt auf das Grässlichste Sklaven foltern, um die entsprechenden Aussagen zu gewinnen. Aber sie scheitert (178): „[...]; sie selbst [= Sassia] reist mit ihren Leuten nach Larinum, bekümmert, weil sie es für gewiss hielt, dass ihr Sohn jetzt ungekränkt bleiben werde."

Alles schien geklärt zu sein. Niemand hatte mehr den Wunsch, Oppianicus' Tod als Giftmord zu begreifen. Drei Jahre vergingen, bis sich Sassia noch einmal daran machte, ihren Sohn wegen dieses Delikts vor Gericht zu bringen. Ihr grausames Wesen tritt noch deutlicher zutage. Sassia hatte ihre Tochter dem jungen Oppianicus zur Frau gegeben und ein Testament erstellt, das den Stiefsohn an sie band. Nachdem dann in Sassias Haus ein Diebstahl mit Mord verübt worden war, den erwiesenermaßen ein gewisser Straton begangen hatte, nahm dies die elende Hausherrin zum Anlass, den Fall gegen Cluentius wieder aufzurollen. Sassias unglaublicher Plan sei es also gewesen, den Giftmord auszutauschen, das Verfahren nicht gegen den aktuellen Mörder anhängig zu machen, sondern wiederum mit Sklavenbefragung und Folter Cluentius als Mörder des älteren Oppianicus zur Anklage zu bringen. Nikostratos, der einst schon gefolterte Sklave, wird dabei endgültig zu Tode gemartert. Schon die Grundlage der gesamten Anklage gegen Cluentius sei somit ein von Sassias Hand gefälschtes Protokoll (185): „Jetzt seht ihr, wie diese ruchlose Frau mit derselben Hand, ihr Richter, mit der sie, wenn sie könnte, ihren Sohn zu töten wünschte, das gefälschte Untersuchungsprotokoll aufgesetzt hat."

Gegen Schluss der Rede appelliert Cicero noch eindringlicher (195): „Euch aber, ihr Richter, hat das Schicksal als zweite Götter über A. Cluentius, über die ganze Zeit seines Lebens, eingesetzt: vertreibt die Brutalität dieser Mutter vom Haupte des Sohnes. Viele haben schon manches Mal in ihrem Urteil die vergehen der Kinder dem Mitgefühl mit den Eltern geschenkt; euch bitten wir, dass ihr nicht das makellose leben des Angeklagten der Grausamkeit der Mutter überantwortet, zumal ihr auf der Gegenseite die ganze Heimatstadt erblicken könnt [Einwohner Larinums waren bei der Verhandlung offensichtlich zugegen]."

Fragen zur Interpretation

Es fallen Ähnlichkeiten zwischen den Reden *Pro Caelio* und *Pro Cluentio* auf. Der Überblick über Ciceros Verteidigung des Cluentius kann verschiedene Ziele haben. Eine kurze Analyse der zweiten Rede soll einerseits einen weiteren Einblick in Ciceros Rednertätigkeit ermöglichen. Doch zum anderen ist es auch dem Verständnis der *Oratio pro Caelio* förderlich, wenn vergleichbare Argumentationsstränge in einer anderen Rede nachvollzogen werden können.

a) Diskutieren Sie die Ähnlichkeiten der beiden Reden. Erstellen Sie dazu eine ausführliche Gliederung, die inhaltliche Gesichtspunkte (Angeklagte, Anklagen, Ankläger, Personen im Hintergrund) und Merkmale des Redeaufbaus einschließt.

b) Der oben skizzierte Argumentationsaufbau von *Pro Cluentio* verrät Cicero auch wiederum als glänzenden Taktiker. Was mag an diesem Redeaufbau die Richter besonders für Cluentius und dessen Unschuld eingenommen haben?

c) Die drastischen Maßnahme, Sklaven zu foltern, um Schuldfragen zu klären, gehörte zum herkömmlichen Prozessablauf im damaligen Rom. An welchen Stellen dieses Redeausschnitts könnte man aber dennoch davon überzeugt sein, die hier geschilderte Vorgehensweise lasse sich nicht mit den zeitgemäßen moralischen Vorstellungen vereinbaren?

d) ↑Quintilian erörtert in seiner *Institutio oratoria* die Frage, ob ↑Rhetorik als eine Kunst verstanden werden könne. In seine Argumente, dass dies sehr wohl der Fall sei, streut Quintilian ein Cicerozitat ein (2.17.21): „Auch Cicero hatte sehr deutlich sich selbst im Auge, als er damit prahlte, im Cluentiusprozess den Richtern Sand in die Augen gestreut zu haben (*tenebras iudicibus offudisse*)." Es sei demnach den Rednern sehr wohl bekannt, wenn sie in ihren Reden von der Wahrheit abweichen; sie verfolgten damit nur ein bestimmtes Ziel, das ihnen durch die Bedingungen des Gerichtsfalls auferlegt worden sei [um hier Ciceros Aussage zu verallgemeinern]. Auch wenn nicht mehr auffindbar ist, woher Quintilian diese Äußerung Ciceros nahm, und sich Cicero zu einer anderen nicht erhaltenen Verteidigungsrede (vgl. ↑Plutarch, Cicero 25, zu seiner Verteidigung von Munatius Plancus Bursa) nahezu identisch äußerte, interessiert in unserem Zusammenhang, wo diese Stellen in *Pro Cluentio* vermutet werden könnten, in denen er gewissermaßen den Durchblick der Richter verhüllte.

3.2. Weitere Paralleltexte zur Person des Caelius (Lateinisch)

a) Cicero *ad fam.* 8.1 und 16

Cicero ist als ↑Statthalter nach Kilikien aufgebrochen und hat Caelius ge-
beten, für ihn sein „Informant" in Rom zu sein. Hier ist der erste Brief (8.1) des
Caelius aus Rom (Juni 51 v. Chr.). (Der Text beider Briefe folgt, von ge-
legentlichen Änderungen der Interpunktion abgesehen, der Ausgabe von D.R.
Shackleton-Bailey.)

[1] Quod tibi discedens pollicitus sum me omnes res urbanas diligentissime tibi
perscripturum, data opera paravi, qui sic omnia persequeretur, ut verear, ne tibi
nimium arguta haec sedulitas vidatur. Tametsi tu scio quam sis curiosus et quam
omnibus peregrinantibus gratum sit minimarum quoque rerum, quae domi
gerantur, fieri certiores, tamen in hoc te deprecor, ne meum hoc officium
arrogantiae condemnes, quod hunc laborem alteri delegavi, non quin mihi
suavissimum sit et occupato et ad litteras scribendas, ut tu nosti, pigerrimo tuae
memoriae dare operam, sed ipsum volumen, quod tibi misi, facile, ut ego
arbitror, me excusat. Nescio, cuius otii esset non modo perscribere haec, sed
omnino animadvertere. Omnia enim sunt ibi senatus consulta, edicta, fabulae,
rumores. Quod exemplum si forte minus te delectarit, ne molestiam tibi cum
impensa mea exhibeam, fac me certiorem. [2] Si quid in re publica maius actum
erit, quod isti operarii minus commode persequi possint, et quem ad modum
actum sit et quae existimatio secuta quaeque de eo spes sit, diligenter tibi ipsi
perscribemus.

polliceri: (Dep.) versprechen – **operam dare:** sich bemühen (Konstruktion
hier?), + Dat.: um (s.u.) – **persequi:** (Dep.) verfolgen = beobachten – **argutus:**
ausführlich, pedantisch – **Tametsi tu scio quam sis:** = *Tametsi scio, quam sis tu*
(Stilmittel?) – **peregrinari:** sich im Ausland aufhalten – **domi:** zuhause –
certior fieri: informiert werden – **condemnare** (+ Akk. + Gen.): jmd./etw.
wegen etw. verurteilen – **non quin:** nicht dass – **occupato... pigerrimo:** Dative
auf mihi bezogen – **nosti:** = *novisti* – **piger, gra, grum:** verdrossen, faul – **tuae
memoriae dare operam:** mich zu bemühen, an dich zu denken – **volumen, inis
n.:** (Schrift)Rolle, Buch – **cuius otii esset:** welche Zeit dafür da sein soll –
omnino: überhaupt – **senatûs** (*senatus, ûs* m.) **consultum, i n.:** Senatsbeschluss
– **fabulae:** ‚Geschichten' – **rumor, oris m.:** Gerücht – **molestiam exhibere:**
lästig sein – **impensa:** Aufwand – **operarius:** Agent, Handlanger – **quaeque:** =
et quae – **spes de (+Abl.):** Erwartung hinsichtlich etw.

Ut nunc est, nulla magno opere exspectatio est. Nam et illi rumores de comitiis
Transpadanorum Cumarum tenus caluerunt, Romam cum venissem, ne
tenuissimam quidem auditionem de ea re accepi. [...]. [3] Tu si Pompeium, ut

volebas, offendisti, qui tibi visus sit et quam orationem habuerit tecum, quamque ostenderit voluntatem, – solet enim aliud sentire et loqui neque tantum valere ingenio, ut non appareat, quid cupiat – fac mihi perscribas.

nulla magno opere: keine besonders große – **comitia, orum n.:** (hier:) Wahlen. Es geht um die von ↑Caesar beabsichtigte und auch durchgeführte Verleihung des Bürgerrechts an die Bewohner der Provinz *Gallia cisalpina* (*Transpadanus*: jenseits des norditalienischen Flusses Po wohnend) – **Cumarum tenus:** bis nach Cumae (Stadt nordwestlich von Neapel) – **calêre:** entbrennen, (von Gerüchten) brodeln – **ne tenuissimam quidem auditionem accipere:** kein Sterbenswörtchen vernehmen – **offendere (+ Akk.):** jmdn antreffen – **qui:** (hier) wie – **qui... quam... quam-que:** indirekte Fragesätze, abhängig von *perscribas* – **tantum... ut:** soviel, dass – **ingenio valere:** Talent haben – **facere (+ Konj.):** dafür sorgen, dass

[4] Quod ad Caesarem, crebri et non belli de eo rumores, sed susurratores dumtaxat, veniunt: alius equitem perdidisse, quod, opinor, certe fictum est; alius septimam legionem vapulasse, ipsum apud Bellovacos circumsederi interclusum ab reliquo exercitu. Neque adhuc certi quidquam est, neque haec incerta tamen vulgo iactantur, sed inter paucos, quos tu nosti, palam secreto narrantur; at Domitius, cum manus ad os apposuit.

Te a. d. VIIII. Kalendas Iunias subrostrani – quod illorum capiti sit! – dissiparant perisse. Inde urbe ac foro toto maximus rumor fuit te a Q. Pompeio in itinere occisum. Ego, qui scirem Q. Pompeium Baulis embaeneticam facere et usque eo, ut ego misererer eius, esurire, non sum commotus et, hoc mendacio, si qua pericula tibi impenderent, ut defungeremur, optavi. [...] Tui politici libri omnibus vigent.

Quod ad Caesarem: Was Caesar betrifft – **creber, bra brum:** häufig – **bellus:** umgangssprachliches Wort für ‚schön' (vgl. frz. *belle*) – **susurrator, oris m.:** Flüstern, pl. geflüsterte Gerüchte – **dumtaxat:** höchstens, nur – **alius... alius:** erg. *dixit* – **eques, itis m.:** Reiterei – **vapulare:** geprügelt werden (*vapulasse* = *vapulavisse*) – **Bellovaci, orum m.:** gallischer Stamm – **circumsedere:** belagern – **intercludere:** einschließen – **certi esse:** sicher sein (Gentivfunktion?) – **vulgo:** (als Adv. verwendeter Abl. v. *vulgus, i* n.) in der Öffentlichkeit – **iactare:** zur Sprache bringen – **palam secreto:** ‚offen im Geheimen' (Stilmittel? Dt. Entsprechung?) – **Domitius:** erg. *ea narrat*; Gemeint ist L. Domitius Ahenobarbus, der ↑Konsul des Jahres 54 v.Chr., der als Gegner Caesars in der Schlacht bei ↑Pharsalos 48 v.Chr. gefallen ist. – **manûs ad os apponere:** die Hand vor den Mund halten (hier in übertr. Sinn) – **a(nte) d(iem) VIII Kalendas Iunias:** = 24. Mai – **subrostrani, orum m.:** ‚die sich bei den ↑rostra aufhalten' = Gerüchtemacher – **dissipare:** zerstreuen, verbreiten – **Bauli, orum m.:** Ort bei ↑Baiae – **Q. Pompeius:** Es handelt sich um Q. Pompeius Rufus, den ↑Volkstribunen des

Jahres 52 v.Chr., der auf der Seite von Ciceros Feind P. ↑Clodius stand. – **embaeneticam (artem) facere:** Lesart und Bedeutung sind nicht geklärt. Hilfsübersetzung: sich als Bootsmeister verdingen – **usque eo:** so sehr – **miserari (+ Gen.):** Mitleid haben mit jmd. – **esurire:** hungern –**commovere:** bewegen, rühren (hier in übertr. Sinn) – **K** *optavi, ut defungeremur hoc mendacio, si...* – **mendacium, i n.:** Täuschung, Lüge (Ablativfunktion?) – **impendêre:** bevorstehen – **defungi:** (Dep.) überstehen (das gedachte Objekt ist *periculis*) – **libri politici:** ‚politische Bücher', gemeint ist Ciceros kurz zuvor veröffentlichte Schrift *De re publica* – **vigêre (+ Dat.):** angesehen sein bei jmd.

Im zweiten Brief (8.16) wird deutlich, wie sehr sich die politische Situation zwischen Caesar und Pompeius mittlerweile zugespitzt hat: Caelius schreibt am 16. April 49 v.Chr. an Cicero und drängt ihn, sich in der ↑Bürgerkriegslage für eine Seite zu entscheiden.

[1] Exanimatus tuis litteris, quibus te nihil nisi triste cogitare ostendisti neque, id, quid esset, perscripsisti neque non tamen, quale esset, quod cogitares, aperuisti, has ad te ilico litteras scripsi.
Per fortunas tuas, Cicero, per liberos te oro et obsecro, ne quid gravius de salute et incolumitate tua consulas. Nam deos hominesque amicitiamque nostram testificor me tibi praedixisse neque temere monuisse, sed, postquam Caesarem convenerim sententiamque eius, qualis futura esset parta victoria, cognoverim, te certiorem fecisse. Si existimas eandem rationem fore Caesaris in dimittendis adversariis et condicionibus ferendis, erras: nihil nisi atrox et saevum cogitat atque etiam loquitur. Iratus senatui exiit. his intercessionibus plane incitatus est. Non mehercules erit deprecationi locus.

K *exanimatus* ist Pc zum Hauptsatz *has... scripsi* – **exanimare:** außer sich sein – **ostendere:** zeigen, darlegen – **perscribere:** beschreiben – **aperire:** eröffnen, kundtun – **ilico:** sofort – **obsecrare per:** bei etw. beschwören – **grave consulere de (+ Abl.):** einen falschen Entschluss über etw. fassen – **testificari (+ Akk.):** zu Zeugen anrufen – **convenire (+ Akk.):** zu jmd. kommen, mit jmd. zusammentreffen – **parta victoria:** Abl. abs. – *parere (peperi, partus):* hervorbringen, (hier:) erlangen – **ratio, nis f.:** Vorgehensweise – **dimittere:** freilassen – **condiciones ferre:** Bedingungen stellen – **atrox, cis:** schrecklich – **exiit:** erg. *ex urbe* (gemeint ist Rom) – **intercessio, nis f.:** Einspruch (gemeint ist die Ausübung des Veto-Rechts durch den Volkstribun L. Metellus, der Caesar davon abhalten wollte, sich in der Staatskasse Roms zu bedienen) – **plane:** völlig – **mehercules:** beim Herkules! wahrhaftig! – **deprecatio, nis f.:** Abbitte, Entschuldigung

[2] Quare, si tibi tu, si filius unicus, si domus, si spes tuae reliquae tibi carae sunt, si aliquid apud te nos, si vir optimus, gener tuus, valemus, quorum

fortunam non debes velle conturbare, ut eam causam, in cuius victoria salus nostra est, odisse aut relinquere cogamur aut impiam cupiditatem contra salutem tuam habeamus. Denique illud cogita, quod offensae fuerit in ista cunctatione, te subisse. Nunc te contra victorem Caesarem facere, quem dubiis rebus laedere noluisti, et ad eos fugatos accedere, quos resistentes sequi nolueris, summae stultitiae est. Vide, ne, dum pudet te parum optimatem esse, parum diligenter, quid optimum sit, eligas.

quare: deshalb – **valere aliquid apud (+ Akk.):** jmd. etwas bedeuten – **fortuna:** (hier:) Stellung, Verhältnisse – **K** *cogita* + AcI (*te sub(i)isse*) + Relativsatz („was') – **offensa:** Beleidigung, Kränkung – **cunctatio, nis f.:** Zögern – **subire:** (hier:) begehen, auf sich laden – **dubiis rebus:** in unsicheren Umständen – **K** *summae stultiae est* + AcI (*facere* und *accedere*, jeweils mit Relativsatz) – **laedere:** kränken – **videre, ne:** zusehen/ dafür sorgen, dass nicht – **pudet (+ Akk.):** sich schämen – **optimas, atis m.:** Anhänger der Adelspartei (im Gegensatz zu *popularis*, Anhänger der Volkspartei) – **eligere:** wählen

[5] Etiam atque etiam, Cicero, cogita, ne te tuosque omnes funditus evertas, ne te sciens prudensque eo demittas, unde exitum vides nullum esse. Quod si te aut voces optimatium commovent aut nonnullorum hominum insolentiam et iactationem ferre non potes, eligas, censeo, aliquod oppidum vacuum a bello, dum haec decernuntur, quae iam erunt confecta. Id si feceris, et ego te sapienter fecisse iudicabo et Caesarem non offendes.

etiam atque etiam: wieder und wieder – **funditus** *(Adv.)* **evertere:** ,von Grund aus umstürzen' = zugrunde richten – **eo:** dorthin – **se demittere:** sich begeben – **vox, cis f.:** Äußerung, Rede – **insolentia:** Unverfrorenheit – **iactatio, nis f.:** Prahlerei – **vacuus a (+ Abl.):** frei, unberührt – **decernere:** entscheiden – **conficere:** beenden (Zeitform?) – **feceris:** Zeitform? – **offendere:** kränken

b) Caesar *Bellum civile* 3,20-22

↑*Caesar hat sein vermutlich unvollendetes Werk über den Bürgerkrieg im Jahre 47 v.Chr. begonnen. Darin werden die Ereignisse der Jahre 49 und 48 v.Chr. beschrieben. Im dritten Buch berichtet Caesar vom Ende des Caelius. (Der Text folgt der Ausgabe von A. Klotz.)*

[20] Eisdem temporibus M. Caelius Rufus praetor causa debitorum suscepta initio magistratus tribunal suum iuxta C. Treboni, praetoris urbani, sellam collocavit, et si quis appellavisset de aestimatione et de solutionibus, quae per arbitrum fierent, ut Caesar praesens constituerat, fore auxilio pollicebatur. Sed fiebat aequitate decreti et humanitate Treboni, qui his temporibus clementer et moderate ius dicendum existimabat, ut reperiri non possent, a quibus initium

appellandi nasceretur. Nam fortasse inopiam excusare et calamitatem aut propriam suam aut temporum queri et difficultates auctionandi proponere etiam mediocris est animi; integras vero tenere possessiones, qui se debere fateantur, cuius animi aut cuius impudentiae est? Itaque, hoc qui postularet, reperiebatur nemo. Atque ipsis, ad quorum commodum pertinebat, durior inventus est Caelius. Et ab hoc profectus initio, ne frustra ingressus turpem causam videretur, legem promulgavit, ut sexenni die sine usuris creditae pecuniae solvantur.

causam suscipere: sich eines Falles annehmen – **tribunal, lis n.:** Richterstuhl, Gericht – **C. Trebonius:** T. brachte 55 v.Chr. für ↑Pompeius und ↑Crassus förderliche Gesetze ein und war ein Legat Caesars. Er gehörte später auch zu den Caesarmördern. – **sella:** (Amts)Sitz – **appellare:** um Hilfe anrufen – **aestimatio, nis f.:** Schätzung – **solutio, nis f.:** Bezahlung, Tilgung (von Schulden) – **aequitas, tis f.:** (hier:) Gerechtigkeit – **decretum:** Beschluss – **ius dicendum:** erg. *esse* – **temporum:** Genitiv, auf *calamitatem* bezogen – **auctionare:** versteigern (gemeint ist die Versteigerung von Besitztümern zur Schuldentilgung) – **mediocris, is, e:** niedrig, mittelmäßig – **qui:** Relativpronomen zum gedachten Subjekt des AcIs – **debere:** Schulden haben – **cuius:** hier adj. Fragepronomen – **pertinere ad (+ Akk.):** sich beziehen auf, betreffen – **ab hoc... initio:** Stilmittel? – **promulgare:** (durch einen Aushang öffentlich) bekannt machen – **sexenni die:** in 6-Jahres-Frist – **usura:** Zinsen – **creditae pecuniae:** Geldschulden – **solvere:** (von Schulden) tilgen

[21] Cum resisteret Servilius consul reliquique magistratus et minus opinione sua efficeret, ad hominum excitanda studia sublata priore lege duas promulgavit: unam, qua mercedes habitationum annuas conductoribus donavit, aliam tabularum novarum, impetuque multitudinis in C. Trebonium facto et nonnullis vulneratis eum de tribunali deturbavit. De quibus rebus Servilius consul ad senatum rettulit, senatusque Caelium ab re publica removendum censuit. Hoc decreto cum consul senatu prohibuit et contionari conantem de rostris deduxit. Ille ignominia et dolore permotus palam se proficisci ad Caesarem simulavit; clam nuntiis ad Milonem missis, qui Clodio interfecto eo nomine erat damnatus, atque eo in Italiam evocato, quod magnis muneribus datis gladiatoriae familiae reliquias habebat, sibi coniunxit atque eum in Thurinum ad sollicitandos pastores praemisit. Ipse cum Casilinum venisset unoque tempore signa eius militaria atque arma Capuae essent comprensa et familia Neapoli visa, quae proditionem oppidi appararet, patefactis consiliis exclusus Capua et periculum veritus, quod conventus arma ceperat atque eum hostis loco habendum existimabat, consilio destitit atque eo itinere sese avertit.

Servilius: S. Vatia Isauricus, ↑Praetor 54 v.Chr., ↑Konsul 48 und 41 v.Chr., zunächst Anhänger, später (ab 50 v.Chr.) auf Seiten ↑Caesars – **magistratus, ûs m.:** Amtsträger – **studium, i n.:** (hier im pl.) Eifer – **duas:** erg. *leges* – **merces**

(edis f.) habitationum: Mietzins – annuus: jährlich – conductor, oris m.: Mieter – tabulae novae: neue Rechnungsbücher (d.h. die alten mit den Schulden wurden ungültig), Genitivfunktion? – multitudo, nis f.: Volksmenge – deturbare de (+ Abl.): vertreiben aus – tribunal, lis n.: (hier:) Amt – referre ad (+ Akk.): Bericht erstatten bei – removendum: erg. *esse* – prohibêre de (+ Abl.): fernhalten von – contionari: (Dep.) öffentlich reden – conari: (Dep.) versuchen – rostra, orum, n.: Rednerbühne (↑rostra) – deducere: wegführen – ignominia: Schande, Ehrverlust – Milo: s. Anhang – eo nomine: (hier:) aufgrund dessen – damnare: verurteilen – munus, eris n.: Geldgeschenk – gladiatoria familia: Gladiatorenbande – sibi coniungere aliquem: sich mit jmd. verbünden – Thurinum: Gebiet von Thurii (Stadt am Golf von Tarent in Süditalien) – sollicitare: aufwiegeln – pastor, oris m.: Hirt – Casilinum: süditalienische Stadt bei Capua – signa militaria: Feldzeichen – Capuae: in Capua (Lokativ) – compre(he)ndere: ergreifen – familia: (hier:) Dienerschaft – Neapoli: in Neapel (Lokativ) – quae... appararet: Relativsatz mit Konjunktiv, Nebensinn? – proditio, nis f.: Verrat – apparare: vorbereiten – patefacerc: offen legen – consiliis: gemeint sind dic Pläne des Caelius – Capua: Ablativfunktion? – conventus, i m.: Versammlung – eum hostis loco habere: ihn für einen Feind halten – consilio desistere: von einem Plan ablassen – se avertere (+ Abl.): sich von etwas abwenden – sese: Verstärkung von *se*

[22] Interim Milo dimissis circum municipia litteris se ea, quae faceret, iussu atque imperio facere Pompei, quae mandata ad se per Vibullium delata essent, quos ex aere alieno laborare arbitrabatur, sollicitabat. Apud quos cum proficere nihil posset, quibusdam solutis ergastulis Compsam in agro Hirpino oppugnare coepit. Eo cum a Q. Pedio praetore cum legione . . . [*Textlücke in der Überlieferung*] lapide ictus ex muro periit. Et Caelius profectus, ut dictitabat, ad Caesarem pervenit Thurios. Ubi cum quosdam eius municipii sollicitaret equitibusque Caesaris Gallis atque Hispanis, qui eo praesidii causa missi erant, pecuniam polliceretur, ab his est interfectus. Ita magnarum initia rerum, quae occupatione magistratuum et temporum sollicitam Italiam habebant, celerem et facilem exitum habuerunt.

dimittere: verschicken – municipium, i n.: M. (Stadt mit besonderen Rechten) – iussu (+ Gen.): auf Befehl von – Pompeius: s. Anhang – mandatum: Auftrag, Befehl – Vibullius: L. Vibullius Rufus, ein Legat des ↑Pompeius in den Jahren 56 und 54 v.Chr., zweimal von Caesar gefangen genommen und freigelassen; 48 v.Chr. Bote zwischen Caesar und Pompeius – aes alienum: Schulden – laborare ex (+ Abl.): an etw. leiden – sollicitabat: das Objekt ist aus *quos* zu ergänzen – nihil proficere: nichts erreichen – ergastulum, i n.: Arbeits-/Zuchthaus (gemeint ist die Befreiung der dort zur Tätigkeit Gezwungenen) – Compsam in agro Hirpino: die Stadt C. im Gebiet des samnitischen Volk der Hirpini (östlich von Neapel) – ager, gri m.: (hier:) Gebiet

– **oppugnare:** belagern – **Q. Pedio:** (Groß)Neffe Caesars, der auf Caesars Seiten im gallischen und im ↑Bürgerkrieg kämpfte. – **dictitare:** nachdrücklich behaupten – **pervenire (+ Akk.):** gelangen zu/ nach – **quosdam:** einige (v. *quidam*) – **eques, itis m.:** Reiter(ei) – **Hispanus:** spanisch – **eo:** dorthin – **causâ (+ Gen.):** um... willen – **occupatio, nis f.:** Beanspruchung – **sollicitum habere:** in Aufruhr versetzen

c) Seneca *De ira* 3.8.6

Der römische Philosoph L. Annaeus Seneca (1 v.Chr.-65 n.Chr.) beschreibt in seinem Werk Über den Zorn *(in drei Büchern) die stoische Position zu dieser menschlichen Regung. Im dritten Buch geht es um den Umgang mit dem Zorn, wofür eine Anekdote aus dem Leben des Caelius als negatives Beispiel herangezogen wird. (Der Text folgt, von gelegentlichen Änderungen der Interpunktion abgesehen, der Ausgabe von L.D. Reynolds.)*

Caelium oratorem fuisse iracundissimum constat. Cum quo, ut aiunt, cenabat in cubiculo lectae patientiae cliens, sed difficile erat illi in copulam coniecto rixam eius, cui cohaerebat, effugere. Optimum iudicavit, quidquid dixisset, sequi et secundas agere. Non tulit Caelius adsentientem et exclamavit, „Dic aliquid contra, ut duo simus!" Sed ille quoque, quod non irasceretur, iratus, cito sine adversario desit.

constare: (unpers.) es steht fest – **quo:** RSA – **cenare:** speisen – **cubiculum, i n.:** Wohnzimmer – **lectus:** ausgewählt, besonders – **lectae patientiae:** Genitivfunktion? – **cliens, ntis m.:** Klient (d.h. Schützling und damit Anhänger eines reichen und/oder adligen Patrons) – **in copulam coniectus:** eng mit jemandem zusammen – **rixa:** Streit – **cohaerere (+ Dat.):** mit jmd. verbunden sein – **iudicavit:** Subjekt ist der *cliens* – **dixisset:** Subjekt ist Caelius – **secundas (partes) agere:** zurückstehen – **ferre:** ertragen – **adsentire:** zustimmen – **iratus, quod:** erzürnt, weil – **desinere (desii, desitum):** nachlassen

d) Tacitus *Dialogus de oratoribus* 18/21/25

Der römische Schriftsteller Cornelius Tacitus (2. Hälfte 1. Jh. n.Chr.) verfasste neben seinen großen historischen Werken (Historiae, Annales) u.a. auch einen kleinen Dialog über die Redner, der den Verfall der Beredsamkeit und seine Ursachen zum Ausgangspunkt eines Gespräches macht. Zu den besprochenen Rednern zählt auch Caelius. (Der Text folgt der Ausgabe von E. Koestermann.)

[18] [....] Sunt enim horridi et inpoliti et rudes et imformes et, quos utinam nulla parte imitatus esset Calvus vester aut Caelius aut ipse Cicero. [...]

sunt: Subjekt sind die Redner der alten Zeit (von Tacitus aus gesehen) – **horridus:** schrecklich – **impolitus:** schmucklos – **rudis, is, e:** ungebildet – **informis, is, e:** formlos – **quos:** erg. *sunt tales, quos*; der Relativsatz ist hier mit einem Wunschsatz (*utinam*) verschränkt – **Calvus:** C. Licinius Macer (82-47 v.Chr.), ein Freund ↑Catulls und berühmter Redner seiner Zeit, der auch als Dichter tätig war.

[21] [...] Ex Caelianis orationibus nempe eae placent, sive universae sive partes earum, in quibus nitorem et altitudinem horum temporum agnoscimus. Sordes autem verborum et hians compositio et inconditi sensus redolent antiquitatem. Nec quemquam adeo antiquarium puto, ut Caelium ex ea parte laudet, qua antiquus est.

universus: ganz (hier prädikativ) – **nitor, ris m.:** Glanz – **altitudo, inis f.:** Größe, Erhabenheit – **agnoscere:** erkennen – **sordes, is f.:** (wörtl. Schmutz), Niedrigkeit, alltägliche Redeweise – **hians compositio:** lückenhafte Komposition – **inconditus:** ungeordnet – **sensus, ûs m.:** (hier:) Gedanke – **redolere (+ Akk.):** nach etw. riechen – **adeo... ut:** so sehr..., dass – **antiquarius:** Liebhaber alter römischer Sprache, altertümelnd

[25] Sed quo modo inter Atticos oratores primae Demostheni tribuuntur, proximum locum Aeschines et Hyperides et Lysias et Lycurgus obtinent, omnium autem concessu haec oratorum aetas maxime probatur, sic apud nos Cicero quidem ceteros eorundem temporum disertos antecessit, Calvus autem et Asinius et Caesar et Caelius et Brutus iure et prioribus et sequentibus anteponuntur. Nec refert, quod inter se specie differunt, cum genere consentiant. Adstrictior Calvus, numerosior Asinius, splendidior Caesar, amarior Caelius, gravior Brutus, vehementior et plenior et valentior Cicero. Omnes tamen eandem sanitatem eloquentiae prae se ferunt, ut si omnium pariter libros in manum sumpseris, scias, quamvis in diversis ingeniis, esse quandam iudicii ac voluntatis similitudinem et cognationem.

K quo modo... sic: so... wie – **Atticus:** attisch, aus Athen - **primae:** erg. *partes* (Platz) – **Demosthenes, is:** s. Anhang – **tribuere:** zuweisen – **proximus locus:** nächster (= zweiter) Platz – **Aeschines, Hyperides, Lysias, Lycurgus:** berühmte attische Redner des 5./4. Jh.v.Chr. – **obtinêre:** innehaben – **concessus, ûs m.:** Zustimmung – **disertus:** redebegabt – **antecedere:** übertreffen – **Calvus:** s. zu 18 – **Asinius:** A. Pollio (76/75 v.Chr.-5 n.Chr.), römischer Politiker, Redner, Historiker und Literaturkritiker – **Caesar:** s. Anhang – **Brutus:** s. Anhang – **prior, ris:** früher – **sequens, ntis:** folgend (erg. *oratoribus*) – **refert:** es macht etw. aus – **species, ei f.:** Art – **differre (+ Abl.):** sich in etw. unterscheiden – **adstrictus:** bündig, kurz – **numerosus:** rhythmisch – **splendidus:** glänzend – **amarus:** herb – **gravis, is, e:** gemessen, streng – **vehemens, ntis:** energisch –

valens, ntis: kraftvoll – **sanitas, atis f.:** Besonnenheit – **prae se ferre:** zeigen – **in manum sumere:** zur Hand nehmen – **scias:** Konjunktivfunktion? – **diversus:** verschieden – **ingenium, i m.:** Begabung – **cognatio, nis f.:** Verwandtschaft

e) Valerius Maximus 4.2.7

Das Werk des Valerius Maximus Über erinnernswerte Taten und Aussprüche (1. Hälfte 1. Jh. n.Chr.) ist eine zwischen 28 und 32 n.Chr. entstandene Sammlung von Exempla (mehr oder wenig historisch korrekten Anekdoten) zu bestimmten Themen (in neun Büchern). Das vierte Buch, dem unser Text entstammt, beschäftigt sich mit der Mäßigung (moderatio) und erwähnt auch Caelius und dessen besonderes (d.h. sich selbst mäßigendes) Verhalten. (Der Text folgt der Ausgabe von C. Kempf.)

Caeli vero Rufi ut vita inquinata, ita misericordia, quam Q. Pompeio praestitit, probanda. Cui a se publica quaestione prostrato, cum mater Cornelia fidei commissa praedia non redderet atque iste auxilium suum litteris inplorasset, pertinacissime absenti adfuit. Recitavit etiam eius epistolam in iudicio ultimae necessitatis indicem, qua impiam Corneliae avaritiam subvertit. Factum propter eximiam humanitatem ne sub Caelio quidem auctore repudiandum.

inquinata... probanda: erg. jeweils *est* – **Q. Pompeius:** Ein Enkel ↑Sullas, 52 v.Chr. ↑Volkstribun, auf Seiten von Ciceros Feind P. ↑Clodius (vgl. den ersten Brief des Caelius s.o.). Nach seiner Amtszeit als Volkstribun wird er von Caelius angeklagt und musste in die Verbannung gehen (vgl. *prostrato*). – **Cui:** gemeint ist Q. Pompeius – **publica quaestio (nis f.):** Zivilgerichtsverhandlung – **prostratus:** niedergestreckt – **fidei comissus:** anvertraut – **praedium, i n.:** Grundstück, Besitztum – **suum:** ~ *Caelii* – **implorare:** erbitten – **pertinax,cis:** hartnäckig – **absenti:** zu *Cui* am Satzanfang – **ultima necessitas (atis f.):** dringlichste Notwendigkeit – **index, icis m./f.:** Anzeiger, Anzeichen – **avaritia:** Geiz – **subvertere:** stürzen, vernichten – **factum:** Tat – **eximius:** herausragend – **ne... quidem:** nicht einmal – **repudiandum:** erg. *est* (zurückweisen)

f) Frontinus *De aquaeductu urbis Romae 2.75f.*

Sextus Iulius Frontinus (ca. 40-103 n.Chr.), der sowohl als Heerführer und Politiker wie auch als Schriftsteller hervortrat, verfasste u.a. um 100 n.Chr. eine Schrift über die Wasserversorgung Roms (in zwei Büchern). Dabei kommt er auch auf eine Betätigung des Caelius auf diesem Gebiet zu sprechen. (Der Text folgt der Ausgabe von C. Kunderewicz.)

[75] Sequens diversitas est, quod alius modus concipitur ad capita, alius nec exiguo minor in piscinis, minimus deinde distributione continetur. Cuius rei

causa est fraus aquariorum, quos aquas ex ductibus publicis in privatorum usus derivare deprehendimus. Sed et plerique possessorum, quorum agris aqua circumducitur, formas rivorum perforant, unde fit, ut ductus publici hominibus privatis vel ad hortorum usum itinera suspendant. [76] Ac de vitiis eiusmodi nec plura nec melius dici possunt, quam a Caelio Rufo dicta sunt in ea contione, cui titulus est *De Aquis*. Quae nunc nos omnia simili licentia usurpata utinam non per offensas probaremus!

Sequens, ntis: ein weiterer – **diversitas, atis f.:** Unstimmigkeit – **concipere:** empfangen – **caput, itis n.:** (hier:) Beginn der Wasserleitung – **exiguo:** Ablativfunktion? – **piscina:** Wasserbecken – **distributio, nis f.:** (öffentliche) Verteilung – **contineri (+ Abl.):** durch etw. umfasst werden – **fraus, dis f.:** Betrug – **aquarius:** Verantwortlicher für Wasserleitungen – **ductus, ûs m.:** Wasserleitung – **in privatorum usus:** für den Privatgebrauch – **derivare:** ableiten – **deprehendere:** ertappen – **possessor, oris m.:** Landbesitzer – **circumducere (+ Abl.):** an etw. herumführen – **forma rivorum:** Wasserkanal – **perforare:** durchbohren – **suspendere:** (hier:) unterbrechen, einhalten – **vitium, i n.:** Fehlverhalten – **eiusmodi:** derartig – **contio, nis f.:** Rede – **quae:** RSA – **licentia:** Zügellosigkeit – **usurpare:** ausüben, durchführen – **utinam:** Satzmodus also? – **per:** (hier:) anhand von – **offensa:** (hier:) Gesetzesübertretung – **probare:** bestätigen

4. Latinumstexte

1) Probeklausur Latinum 1

Cicero muss zu Beginn seiner Verteidigung auch Vorwürfe gegen die Familie des Angeklagten abwehren.

Ac mihi quidem videtur, iudices, hic introitus defensionis adulescentiae M. Caeli maxime convenire, ut ad ea, quae accusatores deformandi huius causa, detrahendae spoliandaeque dignitatis gratia dixerunt, primum respondeam. Obiectus est pater varie, quod aut parum splendidus ipse aut
5 parum pie tractatus a filio diceretur. De dignitate M. Caelius notis ac maioribus natu et sine mea oratione et tacitus facile ipse respondet; quibus autem propter senectutem, quod iam diu minus in foro nobiscumque versatur, non aeque est cognitus, ii sic habeant, quaecumque in equite Romano dignitas esse possit, quae certe potest esse maxima, eam semper in
10 M. Caelio habitam esse summam hodieque haberi non solum a suis, sed etiam ab omnibus, quibus potuerit aliqua de causa esse notus.
Equitis Romani autem esse filium criminis loco poni ab accusatoribus neque his iudicantibus oportuit neque defendentibus nobis. Nam quod de pietate dixistis, est quidem ista nostra existimatio, sed iudicium certe
15 parentis; quid nos opinemur, audietis ex iuratis; quid parentes sentiant, lacrimae matris incredibilisque maeror, squalor patris et haec praesens maestitia, quam cernitis, luctusque declarat.
Nam quod est obiectum municipibus esse adulescentem non probatum suis: nemini umquam praesenti Praetuttiani maiores honores habuerunt quam
20 absenti M. Caelio. (W. 188)

Hilfen:
2 huius: Bezug zu M. Caelius
3 gratia: (vgl. causa) um … willen
4 obicere (vgl. auch 15): vorwerfen
5/10 M. Caelius: (wenn unterstrichen!) der Vater des Angeklagten
8 habeant: = *sciant*
12 criminis loco poni: zum Vorwurf gemacht werden **13 Abl. abs.**
15 iurati: vereidigte Zeugen
18 quod: was den Umstand betrifft, dass (faktisches quod) – **municipibus:** bei den Einwohnern
19 Praetuttiani, orum: die Praetuttianer (Einwohner aus Caelius' Heimat)

2) Probeklausur Latinum 2

Cicero bewertet die Ausführungen seiner Vorredner zum Lebensstil des Marcus Caelius

Animadverti enim, iudices, audiri a vobis meum familiarem, <u>L. Herennium</u>, perattente. In quo etsi magna ex parte ingenio eius et dicendi genere quodam tenebamini, tamen non numquam verebar, ne illa subtiliter ad criminandum inducta oratio ad animos vestros sensim ac leniter <u>accederet</u>.

5 Dixit enim multa de luxurie, multa de libidine, multa de vitiis iuventutis, multa de moribus et, qui in reliqua vita mitis esset et in hac suavitate humanitatis, qua prope iam delectantur omnes, versari periucunde soleret, fuit in hac causa <u>pertristis</u> quidam patruus, censor, magister; obiurgavit M. Caelium, sicut neminem umquam parens; multa de incontinentia

10 intemperantiaque disseruit. Quid quaeritis, iudices? ignoscebam vobis attente audientibus, propterea quod egomet tam triste illud et tam asperum genus orationis horrebam.

Ac prima pars fuit illa, quae me minus movebat, fuisse meo necessario <u>Bestiae</u> Caelium familiarem, cenavisse apud eum, ventitavisse domum,

15 studuisse praeturae. Non me haec movent; quae perspicue falsa sunt.

Ad illa, quae me magis moverunt, respondebo. Nam <u>P. Clodius</u>, amicus meus, cum <u>se</u> gravissime vehementissimeque <u>iactaret</u> et omnia inflammatus ageret tristissimis verbis, voce maxima, tametsi probabam eius eloquentiam, tamen non pertimescebam; aliquot enim in causis eum

20 videram frustra <u>litigantem</u>. (188 W.)

Hilfen:
1 Lucius Herennius Balbus: einer der Ankläger des M. Caelius
4 accedere (ad): einnehmen
8 pertristis: mürrisch
14 Lucius Calpurnius Bestia: Vater des Hauptanklägers Atratinus, aber ein guter Freund von Cicero
16 Publius Clodius: ein weiterer Ankläger
17 se iactare: sich brüsten
20 litigare: streiten

3) Probeklausur Latinum 3

Cicero nimmt im folgenden, recht bildlich formulierten Text Bezug auf philosophische Lehren, um seine These, die Jugend dürfe auch einmal über die Stränge schlagen, stichhaltiger erscheinen zu lassen.

Alii voluptatis causa omnia sapientes facere dixerunt, neque ab hac orationis turpitudine eruditi homines refugerunt; alii cum voluptate dignitatem coniungendam putaverunt, ut res maxime inter se repugnantes dicendi facultate coniungerent. Illud unum derectum iter ad laudem cum
5 labore qui probaverunt, prope soli iam in scholis sunt relicti.
Multa enim nobis blandimenta natura ipsa genuit, quibus sopita virtus coniveret interdum; multas vias adulescentiae lubricas ostendit, quibus illa insistere aut ingredi sine casu aliquo aut prolapsione vix posset; multarum rerum iucundissimarum varietatem dedit, qua non modo haec
10 aetas, sed etiam iam corroborata caperetur. Quam ob rem si quem forte inveneritis, qui aspernetur oculis pulchritudinem rerum, non odore ullo, non tactu, non sapore capiatur, excludat auribus omnem suavitatem, huic homini ego fortasse et pauci deos propitios, plerique autem iratos putabunt.
15 Ergo haec deserta via et inculta atque interclusa iam frondibus et virgultis relinquatur; detur aliquid aetati; sit adulescentia liberior; non omnia voluptatibus denegentur; non semper superet vera illa et derecta ratio; vincat aliquando cupiditas voluptasque rationem, dum modo illa in hoc genere praescriptio moderatioque teneatur: parcat iuventus pudicitiae
20 suae, ne spoliet alienam. (179 W.)

Hilfen:
1/2 alii: gemeint sind hier Vertreter von einer der philosophischen Schulen (schola) – **sapientes:** Akk. Pl. Masc.
3 derectus, a, um: gerade, richtig
5 sopitus, a, um: eingeschläfert – **conivere:** die Augen schließen
6 casus, us: (hier) das Hinfallen
8 haec aetas: gemeint ist hier die Jugendzeit
10 propitius, a, um: gewogen
12 virgultum, i: Gebüsch – **aliquid dare (+ Dat.):** jedm. Zugeständnisse machen

4. Anhang: Glossar

4.1. Sachbegriffe

Aedil

v. *aedes*: wörtl. zum Tempel gehörig. A. bezeichnet ein niederes, wie alle Ämter einjähriges Amt in der römischen ↑Ämterlaufbahn. Zur Zeit Ciceros gab es insgesamt vier Aedilen: seit 494 v.Chr. zwei ↑plebejische, die ursprünglich als Helfer der ↑Volkstribunen eingesetzt wurden, und seit 367 zwei sogenannte kurulische Aedilen aus dem Kreis der ↑Patrizier. Ursprünglich als Tempelhüter des Ceres-Tempel bestellt waren die Aedilen zuständig für die Ausgestaltung der Spiele, die Aufsicht über den Markt und die öffentlichen Gebäude, die Regelung der Getreidewirtschaft (Ankauf und Verkauf) etc. Seit einem Gesetzentwurf aus dem Jahr 180 v.Chr. war das nötige Mindestalter zur Ausführung dieses Amtes 37 Jahre.

aemulatio

Nach antiker Auffassung ist die „Originalität" eines Kunstwerkes nicht darin begründet, etwas völlig Neues geschaffen zu haben. Man strebte an (*aemulatio*), das Vorbild nachzuahmen und dann zu übertreffen. Und in diesem Übertreffen liegt der originelle Beitrag des Künstlers. Man eignet sich also zunächst in der Nachahmung eines herrausragenden Vorgängers eine Fähigkeit an und baut diese dann aus.

Ämterlaufbahn

lat. *cursus honorum*. Nicht durch Festlegung, sondern aus Gewohnheit entwickelte sich eine Abfolge der Ämter (Magistrate), die ab etwa 200 v.Chr. feste Formen annahm. Nach der Festlegung der Mindestalter im Jahr 180 v.Chr. wurde 81 v.Chr. die Abfolge der einzelnen Ämter durch ↑Sulla geordnet. Im Unterschied zu heute waren die Ämter unbesoldet. Diese Abfolge gestaltet sich aufsteigend so: Quaestur, ↑Volkstribunat und Aedilität, die beiden ↑plebejischen Ämter, sowie Praetur und Konsulat.

Folgende Prinzipien lagen diesen Ämtern zugrunde: die Kollegialität (d.h. die Besetzung eines Amtes durch mehrere Personen) sowie die einjährige Amtszeit und ein zweijähriger Zwischenraum zwischen der Ausübung zweier verschiedener Ämter. Die mehrmlalige Besetzung eines Amtes durch die gleiche Person war möglich.

Bad

Das römische Bad (*balnea*) oder auch die Thermen (*thermae*) waren ein zentraler Punkt im römischen Leben. Schon früh wurden einfache Badestuben ausgebaut, so dass man in den Thermen Sport treiben, baden, schwimmen, Kalt- und Warmbäder genießen, sowie sich massieren lassen konnte. Öffentliche Bäder gab es ab der Mitte des 2. Jh.v.Chr., welche der Staat meist einem Unternehmer zur Pacht überließ. Die Bäder entwickelten sich auch zu einem wichtigen Treffpunkt der römischen Gesellschaft.

Bundesgenossenkrieg

Als B.wird der italische Aufstand gegen Rom in den Jahren 91 bis 89 v.Chr. bezeichnet. Die Italiker kämpften vor allem um das römische Bürgerrecht und die damit verbundenen Wahl- und Entscheidungsmöglichkeiten. In der *Lex Plautia Papira* von 89 v.Chr. wurden ihnen das Bürgerrecht zugestanden, auch wenn die eigentlich politische Gewalt weiterhin in römischen Händen blieb.

Bürgerkrieg(e)

Die Jahre von 133 bis 30 v.Chr. werden als Epoche der römischen Bürgerkriege bezeichnet: von den Reformen der Gracchen (Landreformen, die einen Ausgleich zwischen Großgrundbesitzern und Kleinbauern bringen sollten) über den Krieg zwischen ↑Marius und ↑Sulla bis zum Bürgerkrieg zwischen ↑Caesar und ↑Pompeius und dem Ende im Krieg zwischen Marcus ↑Antonius und ↑Octavian. Dieser Streit erwuchs aus einer Spaltung des römischen Senats in sog. Optimaten (Anhänger des alten römischen Adels und deren Vorstellungen) und Popularen (die sich für die ↑Plebejern und deren Wohlergehen einsetzten; zuweilen jedoch schlossen sich Politiker dieser „Partei" auch ausschließlich eigener Interessen wegen an).

Für unseren Kontext, d.h. die Lebenszeit Ciceros, sind folgende drei Bürgerkriege entscheidend: derjenige zwischen ↑Marius und Sulla (88/87 bzw. 82/81 v.Chr.), sowie derjenige zwischen Caesar und Pompeius (bzw. dessen Anhängern) (49-45 v.Chr.) und der zwischen den Caesarmördern und dem 2. ↑Triumvirat (44-42 v.Chr.).

clementia Caesaris

Mit diesem Begriff bezeichnet man die geradezu sprichwörtliche Milde, die Caesar seinen Feinden gegenüber walten ließ. Nachdem Caesar einen Feind besiegt hatte, wollte er ihn durch Gnade und Milde an sich binden. Caesar selbst schrieb in einem Brief (Cic. *ad Att.* 9, 7b): „*Haec nova sit ratio vincendi, ut misericordia et liberalitate nos muniamus.*" (Dies dürfte eine neue Methode des Siegens sein, dass wir uns nämlich durch Mitgefühl und Freigebigkeit einen sicheren Schutz verschaffen.)

Dankfest

Ein Dankfest oder Dankopfer (*supplicatio*) konnte der Senat nach entsprechendem Antrag gewähren, wenn ein Sieg errungen oder eine gefährliche Lage zum Guten gewendet worden war. Den zuständigen Göttern wurde dabei ein Opfer dargebracht. Auch die Veranstaltung von Spielen, die der Unterhaltung dienten und politisch wichtig waren, konnte als Dankfest gezählt werden. Unter Anderem deswegen waren siegreiche Feldherrn daran interessiert, einen möglichst langen Zeitraum für das Dankfest zugestanden zu bekommen, da dies auch ihrer Verherrlichung dienen sollte.

Dialektik

v. griech. dialégesthai „sich unterhalten". Diese Bezeichnung ist in der Geschichte der antiken ↑Philosophie mit zwei Bedeutungen belegt. Einerseits handelt es sich um die Kunst des Gesprächs, des richtigen Fragens und Antwortens, um einen Sachverhalt gemeinsam zu klären. Andererseits kann das Ziel eines solchen Gesprächs auch allein darin liegen, den Gegner im Gespräch mit Argumenten zu besiegen. ↑Platon verstand unter D. die Philosophie im strengsten Sinn, wovon sich seine Nachfolger jedoch wieder abwandten. Vom Späthellenismus an (ca. 1. Jh.v.Chr.) bildete die D. mit ↑Rhetorik und Grammatik den nicht mathematischen Teil der sieben freien Künste, das Trivium (der mathematische Teil, das Quadrivium, bestand aus Arithmetik, Geometrie, Astronomie und Musik).

Entschädigung mit Ackerland

Die nach ihrem Militärdienst aus dem Heer entlassenen Soldaten, die sog. *veterani*, benötigten Land als Lebensgrundlage. Die Versorgung der entlassenen Soldaten wurde ab etwa 100 v.Chr. zu einem neuen Gebiet innerhalb der Agrargesetzgebung und zog von da an längere Zeit Probleme mit der Verteilung von Ackerland nach sich. ↑Sulla hat 82 v.Chr. als erster Ackerland an seine *veterani* verteilt.

70 v.Chr. versuchte ↑Pompeius nach dem Muster Sullas durch einen Gesetzentwurf für seine *veterani* die Zuweisung von Ackerland zu erreichen. Aus wirtschaftlichen Gründen konnte die ↑*res publica* ihm nicht stattgeben. Auch ein zweites Versprechen an seine Soldaten, dass sie 63 v.Chr. nach dem Krieg gegen ↑Mithridates Land erhalten sollten, konnte Pompeius zunächst nicht einlösen. 59 hat aber ↑Caesar das entsprechende Gesetz (*lex Iulia agraria*) verabschieden können.

homo novus

Diese Bezeichnung gaben leicht abwertend die römischen Adligen denjenigen, die als erste ihrer Familie Zugang zum Senat erhielten bzw. zum ↑Konsul gewählt wurden (ähnlich wie das deutsche „Neuling" oder

„Emporkömmling"). Auf diese Weise konnte der *homo novus*, der zumeist dem Ritterstand entstammte, seine Familie in den höheren Adelsstand erheben.

Imperator

v. *imperare*, „befehlen, herrschen". Imperator ist die Bezeichnung für jemanden, der das *imperium* in einer Kriegssituation innehat, d.h. die Macht, die die höchsten Beamten ausüben (bes. Rechtssprechung und Befehlsgewalt über das Heer). Eine deutsche Entsprechung wäre also Feldherr. Ab dem 2. Jh.v.Chr. wurde dieser Name auch als Ehrentitel an einen siegreichen Feldherrn verliehen.

Konsul

Gesichert ist das System zweier Konsuln seit den *leges Liciniae Sextiae* des Jahres 367 v.Chr.; die römischen Konsularfasten kennen auch die Namen von Konsuln zurück bis zum Jahr 509 v.Chr., deren Historizität allerdings zweifelhaft ist. Sie sind die höchsten Beamten Roms und werden jeweils auf ein Jahr gewählt. Das Mindestalter beträgt seit 180 v.Chr. 43 Jahren. Die Namen derer, die das Konsulat innehatten, nahm man zur Grundlage für die Zeitrechnung, so wurde das Jahr 63 umschrieben mit *consulibus M.T. Cicerone C.A. Hybrida*. Zu ihren Amtspflichten gehörte u.a. der Vorsitz des Senats, der militärische Oberbefehl, religiöse Aufgaben (Tempeleinweihung etc.). In der Kaiserzeit blieb das Konsulat als Ehrenamt ohne Vollmachten bestehen. Ehemalige Konsuln wurden Konsulare genannt und konnten bzw. mussten als ↑Statthalter eine Provinz führen.

Kurie

lat. *curia*. Die Kurie, Adjektiv: kurulisch, ist das Sitzungsgebäude des Senats. Zur Zeit der römischen Republik gab es mehrere derartige Gebäude, u.a. größere Tempel wurden als Tagungsort für den Senat genutzt. Dieser Ortswechsel hing meistens mit der Art der Sitzung zusammen, man wollte sich z.B. unter den Schutz einer besonderen Gottheit stellen.

Magistrat

Amtsträger, s. Ämterlaufbahn.

Liktoren

v. *ligare* „binden". Die Liktoren, *lictores*, waren die Begleitung der Magistrate in der Öffentlichkeit und trugen Rutenbündel und Beil als Zeichen der Macht. Die L., die stets Freie oder Freigelassene waren, erledigten die niederen Amtspflichten (Vorladung für eine Gerichtsverhandlung, Verhaftung, Hinrichtung etc.). Je nach Amt war die Zahl der Liktoren unterschiedlich: ein Konsul hatte 12 Liktoren, ein ↑Praetor (in der Stadt) zwei.

Quaestor

v. *quaerere*. Das niedrigste Amt des *cursus honorum* umfaßte ursprünglich die Aufgaben eines Untersuchungsrichters und war als Hilfsamt für die Konsuln ausgelegt. Im Laufe der Zeit wurden die Quaestoren mit mehreren Aufgaben betraut: Verwaltung der Staatskasse, Eintreibung von Steuern, Pflege des Staatsarchives etc. Die Zahl der Quaestoren stieg von zunächst zwei auf vier (ab 421 v.Chr., als auch ↑Plebejer für dieses Amt zugelassen worden waren), ab 267 v.Chr. auf acht, unter ↑Sulla auf zwanzig, unter ↑Caesar auf vierzig und ging seit Augustus wieder auf zwanzig zurück. Mit 30 Jahren war man zur Quaestur zugelassen.

Patrizier

v. *patres*, den Oberhäuptern der mächtigen Familien, die zunächst die Führung des Staates übernahmen. Diese Patrizier besaßen Reichtum, Macht und Einfluß und zunächst auch das alleinige Recht Staatsamter innezuhaben. Ihre besondere Stellung leiteten diese Familien aus dem Anspruch ab, dass zu ihren Vorfahren die Gründungsväter Roms gehörten.

Philosophie

v. griech. philosophia, „Weisheitsliebe". Mit diesem Wort bezeichnet man das Suchen und Forschen nach dem Wesen des Menschen und des Alls. Schon früh beginnen sich Menschen zu fragen, wie sich die Erscheinungen, die sie beobachen (Gestirne, Lebewesen etc.), erklären lassen. Zu diesen Natur-philosophen gehören z.B. Thales und Anaximander. Mit Sokrates (470-399 v.Chr.) beginnt ein Fragen, das stärker ethisch orientiert ist, d.h. z.B. wie der Mensch handeln kann und soll (vgl. Ciceros Aussage in den *Tusculanae Disputationes* 5,10: „Sokrates aber hat als erster die Philosophie herabgerufen vom Himmel und in den Städten einen Platz verschafft und in die Häuser auch eingeführt und er hat angefangen über das Leben und die Sitten und die guten und schlechten Dinge Fragen zu stellen."). In der Folgezeit bilden sich dann die vier großen Philosophenschulen der Antike heraus: ↑Platons Akademie, Aristoteles Lykeion (auch Peripatos genannt), der ↑Epikureismus und die Stoa (↑Stoiker). Diese Schulen waren in den folgenden Jahrhunderten besonders wirkungsmächtig: zur Zeit des Hellenismus (nach Alexanders Tod 323 v.Chr.) etwa die Stoa und ab dem 2./3.n.Chr. die Lehren von Platon und Aristoteles. Neben diesen vier großen Schulen gab es auch viele kleinere philosophische Richtungen (z.B. Kynismus). Aber gerade die genannten vier großen Schulen haben bis in die heutige Zeit ihre Spuren in vielen modernen philosophischen Systemen hinterlassen. So hat der Philosoph A. N. Whitehead (1861-1947) überspitzt formuliert: „Die abendländische Philosophie besteht aus einer Reihe von Fußnoten zu Platon."

Plebejer

v. *plebs*, Volk, Menge. Die P. gehörten zu einem Stand, der keine politischen Rechte besaß, obwohl die P. keine Sklaven, sondern Freie waren (Bauern, Handwerker, Händler, aus dem Stand der ↑Patrizier Ausgestoßene). In der Zeit der Ständekämpfe (um 500 bis 287 v.Chr.) gelang es den P., die politische Gleichstellung zu erreichen, so dass auch sie politische Ämter bekleiden durften.

Praetor

v. *prae-ire*, vorangehen. Das Mindestalter für die Praetur betrug 40 Jahre. Das Hauptaufgabengebiet war die Rechtsprechung. Die Zahl der Praetoren erhöhte sich von ursprünglich einem bis auf sechzehn unter ↑Caesar und Augustus, die dann nicht nur juristische, sondern auch polizeiliche und militärische Aufgaben wahrnahmen. Mit der stetigen Vergrößerung des Römischen Reiches wurden Praetoren auch als ↑Statthalter eingesetzt.

Promagistrat

Ein Promagistrat hat die Autorität und Handlungsfähigkeit eines gewöhnlichen Amtsträgers, ohne dieses Amt selbst auszuüben: So kann z.B. der Propraetor „anstelle" (*pro*) eines Praetors agieren. Da man zur Verwaltung der stetig wachsenden Zahl der Provinzen entsprechende Verwaltungsbeamte brauchte, wurde das Promagistrat eingeführt. Denn man wollte die benötigten Beamten nicht erst in Rom ihr Amt aufnehmen und durchführen lassen, um sie dann in die Provinz zu senden.

res publica

wörtl. „öffentliche Sache" im Gegensatz zu den Privatangelegenheiten. Als *res publica* wird die Staatsform zwischen Königtum (bis 510 v.Chr.) und Kaiserzeit (ab 27 v.Chr.) in Rom bezeichnet. Sie ist gekennzeichnet durch eine gewisse Gewaltenteilung, so dass nicht bei einem Einzigen alle Macht versammelt ist. Außerdem finden Wahlen für die Ämter statt (s. Ämterlaufbahn). Dennoch besteht ein nicht geringer Unterschied zum heutigen Verständnis von Republik oder gar Demokratie, und so ist denn die römische Republik auch als Aristokratie (Adelsherrschaft) mit demokratischen Elementen bezeichnet worden.

Rhetorik

v. griech. rhêtorikê (technê) Redekunst. Das Handwerk der Rede hatte bei den Griechen und Römern eine herausragende Bedeutung in vielen Lebensbereichen: vor Gericht, bei Festen, bei Gastmählern etc. Die rhetorische Kunst zu beherrschen, d.h. seine Gedanken dem jeweiligen Publikum und der Gelegenheit angemessen ausdrucksvoll darlegen zu können, war ein wichtiger Teil der schulischen Bildung (zum Schulwesen, den Arten der Rede und ihrem Aufbau s. Einleitung: 1.2. Rhetorik und Ausbildung).

Ritterstand

Zunächst gab es einen Stand von adligen Reitern, zu dem ab dem 5./4. Jh.v.Chr. auch Plebejer zugelassen waren. Diese wurden vom Staat ausgerüstet. Im 2. Jh.v.Chr. entwickelte sich dieser Ritterstand (*eques*) zu einem gesonderten Stand zwischen Senat und Volk, der neben seinem Reichtum auch politische Macht innehatte. Es gab sogar Machtkämpfe zwischen den immer mächtiger werdenden Mitgliedern des Ritterstandes und dem Senat, aber niemals gegen den Staat. In der Kaiserzeit wurde dieser Stand immer mehr zu einem Beamtenstand, der Verwaltungsaufgaben wahrnahm, bis hin zu einer zivilen Ritterlaufbahn.

rostra

v. *rostrum*, eigentlich: Schiffsschnabel. Der Plural *rostra* bezeichnet eine Rednerbühne. Diese hat ihren Namen daher, dass die Römer nach dem Krieg gegen die Volsker 338 v.Chr. die Vorderteile erbeuteter Schiffe (die sog. „Schiffsschnäbel") auf dem *Forum Romanum* (dem Zentrum des wirtschaftlichen und gesellschaftlichen Lebens in Roms) aufstellten. Da dies ein erhöhter Platz war, wurde er gern von Rednern als Bühne benutzt. So bürgerte sich der Sprachgebrauch *rostra* = Rednerbühne ein.

Statthalterschaft

„Statt" eines Vorgesetzten übernimmt der Statthalter bestimmte Aufgaben, d.h. er hat mit gewissen gesetzlichen Grenzen die Entscheidungsgewalt. Im Römischen Reich betraf dies die Verwaltung von Provinzen, die im Auftrag des Senats und später des Kaisers von Statthaltern geführt wurden.

tirocinium fori

wörtl. „Gefreitendienst auf dem Forum". So bezeichnete man die Lehrzeit auf dem Forum, in der ein junger Römer nach dem Anlegen der ↑*toga virilis* bei einem in Rechtssachen und Politik erfahrenen Mann eine Art Praktikum ablegte.

toga virilis

Die „Männertoga" wurde von einem Römer ab etwa dem 17. Lebensjahr getragen. Ihr Anlegen markierte den Beginn seiner Geschäftsfähigkeit (wie heute mit dem Erreichen des 18. Lebenjahres gesetzlich geregelt die Geschäftsfähigkeit erlangt wird), d.h. die Möglichkeit Rechtsgeschäfte abzuwickeln, Verträge zu schließen etc.

Triumph

Als T. wurde die Siegesfeier des Imperators bezeichnet. Dem Feldherrn wurde ein T. vom Senat nur gewährt, wenn ein „wirklicher Sieg" (*victoria iusta*) errungen wurde, wozu auch die Tötung einer gewissen Anzahl von Feinnden gehörte. Die ursprünglichen religiösen Elemente wurden im Verlauf der Zeit immer mehr durch die festliche Ehrung des Siegers überlagert. Der Triumphzug führte durch die Stadt vom Marsfeld zum Kapitol. Dabei wurden die Soldaten und der Imperator (nun Triumphator genannt) vom Volk mit dem Ruf *io triumphe* begrüßt. Auch die Abfolge des Zuges war festgelegt: Zu Anfang wurde mit Bildern, der eroberten Beute und Gefangenen der Sieg vor Augen geführt, dem folgte der Triumphator im Purpurgewand und mit einem Lorbeerkranz. Interessanterweise wurden bei dieser Ehrung auch die mahnenden Worte nicht vergessen. Ein Sklave wies den Triumphator darauf hin: *respice post te, hominem te esse memento* (Schau hinter dich, erinnere dich, dass du ein Mensch bist)!

Triumvirat

v. *triumviri* = „[Kollegium] von drei Männern". Eigentlich meint dieses Wort ein aus drei Männern bestehenden Kollegium von drei (niederen) Beamten. Zwei sog. Triumvirate sind bekannt: Das erste Triumvirat war ein Bündnis, das ↑Pompeius, ↑Caesar und ↑Crassus Ende 60 v.Chr. schlossen. Es ist kein Triumvirat im eigentlichen Sinne, da sich drei Privatmänner mit (macht)politischen Interessen zusammenschlossen, aber ohne gesetzliche oder offizielle Grundlage. Zu einem zweiten derartigen Triumvirat schlossen sich ↑Antonius, ↑Octavian und ↑Lepidus im Jahre 43 v.Chr. zusammen. Sie sollten mit uneingeschränkten Vollmachten ausgestattet für die Wiederherstellung der republikanischen Ordnung sorgen.

Volkstribun

Dieses Amt wurde zu Beginn der Ständekämpfe (↑Plebejer) eingerichtet, um für die Plebejer ein Gegengewicht zur Macht der ↑Patrizier zu erhalten. Nur Plebejer konnten zum Volkstribun gewählt werden. Bis 449 v.Chr. wurde die Zahl der Volkstribune auf zehn erhöht. Diese besaßen *sacrosanctitas*, d.h. Unverletzbarkeit: Ein Volkstribun durfte nicht köperlich angegriffen werden. Sie hatten ein Veto-Recht (von *veto* – ich verbiete) gegenüber allen Beschlüssen der Magistrate. Zudem konnten sie Volksversammlungen einberufen.

4.2. Eigennamen

Akademiker

Als Akademiker bezeichnet man Mitglieder oder Anhänger der Akademie, d.h. der Schule, die ↑Platon in Athen im 4. Jh.v.Chr. gegründet hat. Ihren Namen hat die Schule daher, dass sie in der Nähe eines Heiligtums des Heros Akademos lag. Die Schule blieb bis zur offiziellen Auflösung durch Kaiser Justinian im Jahre 529 n.Chr. bestehen.

M. Antonius (Triumvir)

Der römische Feldherr und Politiker Marcus Antonius (83-30 v.Chr.) ist das berühmteste Mitglied dieser Familie. Antonius unterstützte 49 v.Chr. als ↑Volkstribun ↑Caesar im Bürgerkrieg und war 44 zusammen mit ihm Konsul. Im zweiten ↑Triumvirat kämpfte er zusammen mit ↑Octavian und ↑Lepidus gegen die Caesarmörder. Im Zuge dessen ist er auch für die Tötung Ciceros verantwortlich, der sich öffentlich als Gegner des Antonius bekannte. Nach der Entmachtung von Lepidus 36 übernahm Octavian die Westhälfte des Reiches und Antonius die Osthälfte. In der Folgezeit, während der dreißiger Jahre des 1. Jh.v.Chr. entfernten sich beide voneinander und es kam zum erneuten Bürgerkrieg, den Octavian 31 v.Chr. mit der Schlacht bei Actium für sich entschied. Daraufhin nahmen sich Antonius und seine Geliebte Kleopatra das Leben.

M. Antonius Hybrida (Konsul)

Er ist ein Onkel des berühmten ↑Marcus Antonius (Triumvir), lebte etwa von 100 bis 42 v.Chr. und wurde 63 gemeinsam mit Cicero Konsul, obwohl er schon 70 wegen zahlreicher Vergehen von der Senatsliste gestrichen worden war (Cicero hatte ihn auch mit der Aussicht auf eine lukrative Statthalterschaft für das Amt gewinnen können). Im Jahre 59 klagte Caelius ihn wegen seiner Anhängerschaft mit ↑Catilina an. Cicero verteidigte Antonius in diesem Prozess und verlor. Der Verurteilte ging ins Exil. 49 wurde Antonius aber von ↑Caesar begnadigt. Den Beinamen Hybrida („der Frevelhafte, Übermütige") erhielt Antonius in der Zeit ↑Sullas, als er sich in Makedonien an Tempelvermögen bereicherte und die Bevölkerung grausam behandelte.

M. Antonius Orator (Freund der Familie Ciceros)

M. Antonius Orator (143-87 v.Chr.) war der Vater von M. Antonius Hybrida und Großvater des Triumvirn Marcus Antonius. Er war ein Politiker (↑Praetor 102, Konsul 99) und galt als einer der herausragendsten Redner seiner Zeit. Leider ist von ihm nichts Schriftliches erhalten. In seiner Schrift *Brutus* erstellt Cicero ein Charakterbild von ihm (Kapitel 139-142), in seinem Buch *De oratore* macht er ihn zu einem Hauptgesprächsteilnehmer. Er wurde im Zuge der Streitigkeiten zwischen ↑Marius und ↑Sulla ermordet.

Apuleius

A. (125-um 170 n.Chr.) war ein römischer Dichter, Redner und Philosoph aus Nordafrika. Zu seinen Werken zählen die *Metamorphosen* (der einzige vollständig erhaltene antike Roman in lateinischer Sprache), in denen sich auch das „Märchen von Amor und Psyche" befindet. 157/58 wurde er der Zauberei angeklagt und hielt eine Verteidigungsrede (*Apologia*), die er später auch veröffentlichte.

Arpinum

Das heutige Arpino ist zwischen Rom und Neapel gelegen. Die Stadt, von den Volskern (einem italischen Stamm) gegründet, wurde 305 v.Chr. von den Römern erobert und war 188 v.Chr. Municipium (d.h. dass durch die Bürger von Arpinum bestimmte Pflichten übernommen wurden und diese im Gegenzug ein gewissen Anteil am römischen Bürgerrecht erhalten).

L. Semproius Atratinus

Atratinus war der Hauptankläger des Caelius und zur Zeit des Prozesses 17 Jahre alt. Nach Ende des Prozesses sind uns über ihn erst wieder Informationen ab dem Jahr 40 v.Chr. überliefert. Er bekleidete das Augurenamt und war für die Deutung von Vorzeichen zuständig. Im Jahre 34 v.Chr. war er Konsul. Er war zunächst Anhänger des M. ↑Antonius, dann des ↑Octavian. Im Jahr 7 n.Chr. ist er gestorben.

Baiae

B., westlich von Neapel gelegen, war ein berühmter Badeort und die größte Thermenstadt im Römischen Reich mit Heilquellen und einer Landschaft über die Horaz in einem seiner Briefe sagen läßt (Epist. 1.1.83): *„Nullus in orbe sinus Bais praelucet amaoenis."* (Kein Meerbusen auf der Welt leuchtet herrlicher als das liebliche Baiae.). In der Zeit der späten Republik war Baiae ein beliebter Ort für den Bau von Villen.

Brundisium

B., bereits im 5. Jh.v.Chr. vom griechischen Historiker Herodot erwähnt, ist eine Hafenstadt in Süditalien (heute: Brindisi). 266 wird diese Stadt von den Römern eingenommen. Die wichtigste Handelsstraße des Römischen Reiches, die Via Appia, verbindet Brundisium mit Rom.

Brutus

In die Geschichte ist M. Iunius Brutus (85-42 v.Chr.) als Mörder von ↑Caesar In die Geschichte ist M. Iunius Brutus (85-42 v.Chr.) als Mörder von ↑Caesar eingegangen. Im Bürgerkrieg ab 49 v.Chr. schloss er sich ↑Pompeius an. Nach dem Tod des Pompeius bat Brutus Caesar um Verzeihung, die ihm auch gewährt wurde. Caesar machte ihn dann zu einem seiner Vertrauten. Als Caesar aber immer mächtiger wurde, verschwor sich Brutus mit anderen Senatoren und brachte Caesar um. Der Senat gewährte den Caesarmörder zunächst Amnestie. Als jedoch Caesars Testament veröffentlich wurde, schlug die Stimmung um, denn Caesar hatte jeden römischen Bürger mit einem Teil seines Vermögens bedacht. Brutus flüchtete nach Athen. In zwei Schlachten bei Philippi (in Makedonien), im Oktober des Jahres 42, wurden die Caesarmörder von einem Heer unter ↑Antonius und ↑Octavian geschlagen. Nach der verlorenen zweiten Schlacht beging Brutus Selbstmord.

Q. Caecilius Niger

Caecilius trat 70 gegen Cicero an, um im Prozess gegen ↑Verres die Anklage führen zu können. Er unterlag aber Cicero so deutlich (*Divinatio in Q. Caecilium*), dass er noch nicht einmal als Nebenkläger zugelassen wurde. Er war unter Verres Quaestor gewesen und wurde 69 ↑Praetor (mit finanzieller Hilfe des Verres).

Caecilius

Der Komödiendichter Caecilius Statius war ein keltischer Freigelassener. Von seinen Werken (mindestens 42 Stücke) sind nur dreihundert Verse erhalten. In der Antike gab es sehr unterschiedliche Meinungen zu seinen Komödien: Cicero tadelt deren Sprache (vgl. Brutus 258: *nam illorum aequales Caecilium et Pacuvium male locutos videmus*), andere loben seinen Witz.

Caesar

Gaius Julius Caesar wurde 100 v.Chr. geboren. Er war mehrmals Konsul (u.a. 59, 48, 46 etc.), wurde Ende 48 v.Chr. zum *dictator* für ein Jahr ernannt. Dieses Amt bedeutete die Alleinherrschaft (im Gegensatz zu den sonstigen Ämtern, die immer mehrfach besetzt waren) und den Oberbefehl über das Heer. In Krisenzeiten wurde ein *dictator* ausgerufen, der die Möglichkeiten haben sollte, schnelle und umfassende Entscheidungen zu treffen. 46 v.Chr. wurde Caesar unüblicherweise zum *dictator* für 10 Jahre, 44 v.Chr. dann zum *dictator perpetuus* (d.h. auf Lebenszeit) ausgerufen. Im Jahre 60 v.Chr. hatte er sich mit ↑Pompeius und ↑Crassus zum sog. ersten ↑Triumvirat verbunden, um gemeinsame Forderungen durchsetzen zu können. Von 58 bis 51 v.Chr. eroberte er ↑Gallien. Seine nahezu uneingeschränkte Machtfülle seit dem Jahr 44 v.Chr. wurde von einigen auch kritisch gesehen, da sich Caesar faktisch zum König gemacht hatte. Dies und die fast gottgleiche Würde, die er beanspruchte, führten zu einer Verschwörung gegen ihn. Am 15.3. (den „Iden des März") 44 v.Chr. wurde er im Senat erstochen. Caesar war nicht nur Feldherr und Politiker, sondern hat sich auch als Schriftsteller betätigt. Seine Werke über den Gallischen Krieg und über den Bürgerkrieg sind erhalten, verloren ist leider – neben anderem – sein Werk über die grammatische Sprachrichtigkeit: *De analogia*. Gerade dies wäre für einen Vergleich mit Ciceros rhetorischen Schriften höchst interessant und lehrreich gewesen.

C. Domitius Calvinus

Calvinus war im Jahre 56 v.Chr. (zur Zeit des Caelius-Prozesses) ↑Praetor und 53 und 40 v.Chr. zweimal Konsul. Er kämpfte als General auf Seiten Caesars im Bürgerkrieg. 44 v.Chr. stellte er seine Kräfte dem zweiten ↑Triumvirat zur Verfügung und wurde 39 ↑Statthalter von Spanien.

Catilina

L. Sergius Catilina (108-62 v.Chr.) entstammte einer ↑patrizischen Familie. Als ↑Statthalter der Provinz Africa in den Jahren 67/66 bereicherte er sich durch Ausbeutung in solchem Maße, dass die folgende Anklage seine Bewerbung um das Konsulat verhinderte. Auch im Folgejahr gelang es Catilina nicht, das Konsulsamt zu erlangen, um so seine Schulden abzuzahlen. Er zettelte daraufhin 63 v.Chr. eine Verschwörung zur Übernahme der Staatsmacht an. Unterstützt wurde er von verarmten Bevölkerungsteilen und revolutionsbegeisterten jungen Römern. Der Konsul dieses Jahres, Cicero, konnte diese Verschwörung aufdecken. Catilina kam in der Schlacht bei Pistoia (in Norditalien) 62 v.Chr., geschlagen von einem Heer des Senates, ums Leben. Seine Verschwörung hatte sich zwar den Deckmantel der Revolution gegeben, war aber letztlich nichts weiter als ein Versuch, mit militärischen Mitteln Macht und Geld zu gewinnen. In den folgenden Jahrhunderten wurde er abwechselnd als Verschwörer verdammt oder als Revolutionär, als Mann des Volkes, gepriesen.

Cato

Der jüngere Cato (95-46 v.Chr.) war ein Feldherr und Staatsmann. Er war berühmt für seine entschieden stoische Haltung, seine konservativen Einstellungen zum römischen Staat und zur römischen Gesellschaft sowie seine Rechtschaffenheit. Seine Bemühungen den Bürgerkrieg zu verhindern waren nicht von Erfolg gekrönt und er schloss sich daraufhin ↑Pompeius an. Nach der verlorenen Schlacht bei Thapsus 46 v.Chr. (südlich von Karthago) nahm er sich das Leben.

Catull

C. Valerius Catullus war ein römischer Lyriker aus Verona. In seinem kurzen Leben (etwa 87-55 v.Chr.) widmete er sich vor allem der Literatur und nicht der Politik, wie es für damalige Karriereabsichten eher üblich war. 116 Gedichte sind von ihm erhalten: Das Spektrum reicht vom zweizeiligen Epigramm bis zum 400 Verse umfassenden Klein-Epos über die Hochzeit von Peleus und Thetis (deren Sohn Achilles ist). Seine Gedichte sind voller Anspielungen auf zeitgenössische Literatur und große griechische Dichter (Sappho, ↑Kallimachos), aber auch Personen der Zeitgeschichte werden ironisch angesprochen (↑Caesar, ↑Pompeius) bis polemisch abqualifiziert.

Q. Catulus

Q. Lutatius Catulus war 78 v.Chr. durch ↑Sullas Hilfe Konsul geworden. Nach Niederwerfung eines Aufstandes (77 v.Chr.) wurde er der einflussreichste Mann im Senat und blieb dies bis zu seinem Tode 61/60 v.Chr.

Clodia

Sie entstammte der Familie der Clodier und wurde um 94 v.Chr. geboren. Sie war eine der schillerndste Gestalten in der damaligen Gesellschaft: intelligent und nie um einen Skandal verlegen. So wurde ihr auch nachgesagt, ihren Mann C. ↑Metellus Celer vergiftet und mit ihrem Bruder Clodius in einem inzestuösen Verhältnis gelebt zu haben.

P. Clodius Pulcher

Er wurde um 92 v.Chr. geboren, war 58 v.Chr. ↑Volkstribun und wurde 52 v.Chr. von ↑Milo erschlagen. Clodius war von nicht weniger lasterhaftem Charakter als seine Schwester Clodia. Sein Hauptinteresse lag darin, seine politische Macht rücksichtslos zu erweitern. Er war von Ehrgeiz und Eigennutz getrieben. Seine Schlägerbanden brachten Rom Aufruhr und Unruhen. Clodius war einer der ärgsten Feinde Ciceros.

Crassus

M. Licinius Crassus, mit dem Beinamen Dives (der Reiche) lebte von 115 bis 53 v.Chr. In den Jahren 70 und 55 v.Chr. war er Konsul. Crassus wurde nach dem Bürgerkrieg zwischen ↑Marius und ↑Sulla der reichste Mann Roms. Er hatte die Absicht, mit seinen gewaltigen finanziellen Mitteln auch der mächtigste Mann Roms zu werden. Bei der Wahl seiner Mittel war er hierbei wenig zimperlich. Seine Streben nach eigenen Vorteilen diktierte auch die Wahl der Freunde, ein ↑Pompeius war so lange recht, so lange er noch über die entsprechende Macht verfügte. In einem Krieg gegen die Parther wurde er 53 bei Carrhae (im Gebiet der heutigen Türkei) nach einer verlorenen Schlacht verraten und ermordet.

Demosthenes

D. (384-322 v.Chr.) gilt als der größte griechische Redner des Altertums. Von ihm sind 61 Reden erhalten. Er betätigte sich aber nicht nur als Redner und Redenschreiber, sondern auch als Politiker. Berühmt sind seine vier Reden gegen ↑Philipp II. v. Makedonien (die *Philippika*) der durch seine Eroberungen der Freiheit Athens gefährlich wurde.

Diodotos

D. war ein ↑stoischer Philosoph des 1. Jh.v.Chr. und ein Lehrer Ciceros. In dessen Haus verbrachte er seine letzten Lebensjahre und starb dort erblindet um 60 v.Chr. Cicero erwähnt ihn mehrmals ehrenvoll; z.B. in einem Brief (13,16: *nam domi meae cum Diodoto Stoico, homine meo iudicio eruditissimo, multum a puero fui*. Denn in meinem Haus war ich mit Diodotos dem Stoiker, meiner Ansicht nach einem äußerst gebildeten Menschen, seit der Kindheit viel zusammen.).

Dion

Dion von Alexandrien (1. Jh. v.Chr.) war ein Philosoph der Akademie. Er wurde von seinen Mitbürgern aus Alexandrien nach Rom gesandt, um dort Beschwerde gegen König Ptolemaios XII. Auletes einzulegen. Bei seiner Ankunft in Rom wurden 57 v.Chr. auf die Gesandtschaft und auf ihn Mordanschläge verübt, bei denen P. Asicius beteiligt war und die schließlich in der Tötung Dions endeten. Der Mordverdacht wurde von der Anklage auf Caelius gelenkt.

Hinter dieser Begebenheit erstreckt sich ein weites Netz von politischen Verwicklungen, die auch im Hintergrund des Caelius-Prozesses stehen. Ptolemaios wurde von ↑Caesar 59 v.Chr. (gegen Bezahlung) als König des besetzten Ägypten anerkannt, 58 jedoch in einem Staatsstreich abgesetzt. Er bat in Rom um militärische Hilfe, wobei ↑Pompeius das einflussreiche Kommando führen sollte. Letzteres wurde vom Senat abgelehnt und stattdessen Lentulus Spinther beauftragt.

Austin schreibt in seinem Kommentar dazu (Appendix V, 153): „Wenn auch der Caelius-Prozess selbst offensichtlich nicht politisch war, machten sich Caelius' Gegner die politische Situation zunutze, [...] um gegen Pompeius einen Streich zu führen."

Dyrrachium

Das heutige Durazzo bzw. Durrës wurde um 625 v.Chr. als griechische Kolonie in Illyrien (dem Gebiet an der Ostküste der Adria, heutiges Albanien) gegründet. 48 v.Chr. kam es südlich von Dyrrachium zu einer Schlacht zwischen ↑Caesar und ↑Pompeius. In der Antike war Dyrrachium eine bedeutende Hafenstadt.

Epikureer

Als Epikureer werden die Anhänger der Philosophie Epikurs bezeichnet. Dieser lebte von 341 bis 270 v.Chr. Das Ziel seiner Philosophie ist ein Mensch, der ohne Furcht vor dem Tod oder den Göttern nach dem Prinzip der möglichst langanhaltenden Lustempfindung lebt. Epikur ist vorgeworfen worden, er bezeichne die Lust als das höchste Gut. Er meinte dies jedoch nicht in dem Sinne, dass man sich jeder Vergnügung hingeben sollte, sondern dass man Schmerz und Furcht als größtes Übel vermeidet und mit möglichst geringen Bedürfnissen lebt. Denn dann muss nicht nach ständig neuen Vergnügungen gesucht und sich womöglich in die Gefahr des Schmerzes begeben werden. So wäre z.B. eben nicht Weingenuß mit den anschließenden Folgen am nächsten Morgen ein wünschenswertes Ziel oder die angesprochene Lust, sondern ein sehr bescheidenes und ruhiges Leben. Von Epikurs zahlreichen Schriften sind nur 3 Briefe erhalten. In dem lateinischen Lehrgedicht *De rerum natura* von Lukrez (vermutlich 97-55 v.Chr.) besitzen wir das umfangreichste Zeugnis der Philosophie Epikurs.

Gallien

Nach der heutigen Geographie umfasst das Gebiet, welches die Römer *Gallia* nannten, etwa Frankreich, Belgien, Teile der Schweiz und Norditalien. Dieses Gebiet war gegliedert in *Gallia cisalpina* (Gallien diesseits der Alpen – von Rom aus gesehen, also Norditalien) und *Gallia transalpina* (Gallien jenseits der Alpen). Die eigentlichen Bewohner dieses Gebietes waren die Kelten. Im Jahr 125 v.Chr. begannen die Römer die Mittelmeerküste zu erobern und zwischen 58 und 51 v.Chr. bringt ↑Caesar das Territorium des heutigen Frankreichs unter römische Kontrolle, worüber ↑Caesar im *Bellum Gallicum* dem Senat Rechenschaft ablegt. Gallien gehört somit zu den Gebieten, die schon recht früh romanisiert wurden.

Homer

H. gilt als Verfasser der beiden Epen Ilias und Odyssee. Sie sind wohl die beiden ältesten griechischen literarischen Werke (8. Jh.v.Chr.). Diese Epen schildern einerseits den Untergang Ilions (Trojas) mit dem Zorn des Achilles und andererseits die Irrfahrten und die Heimkehr des Odysseus nach Ithaka mit dem Kampf gegen die Freier, die seine Frau Penelope bedrängten. Über die Antike hinaus bis in unsere Zeit bildet diese Texte immer wieder die Grundlage für literarische Rezeption.

Q. Hortensius

Hortensius (114-50 v.Chr.) war einer der bedeutendsten Redner Roms und 69 v.Chr. Konsul. Bereits früh begann er die juristische Laufbahn und trat als 19-jähriger erstmals vor Gericht auf. Im ↑Verresprozess stand er als dessen Verteidiger Cicero gegenüber. Von seinen Reden sind nur Fragmente erhalten. Es sind auch Titel von nicht überlieferten historischen Schriften und Gedichten bezeugt. Cicero läßt ihn in mehrmals in seinen Dialogen auftauchen und hat trotz gewisser Streitigkeiten dessen Stellung und Bedeutung in der römischen ↑Rhetorik anerkannt.

Issos

I. ist eine Hafenstadt in Kleinasien (Westküste der heutigen Türkei, nordöstlich von Zypern). Berühmt ist diese Stadt durch die Schlacht Alexanders des Großen gegen die Perser im Jahre 333.

Juvenal

Decimus Iunius Iuvenalis ist einer der bedeutendsten römischen Verfasser von Satiren. Aus seinem Leben ist wenig bekannt. Gelebt haben dürfte er ca. 60-130 n.Chr. Er wandte sich der Satire zu (so in seiner ersten Satire), weil sie zum einen näher an der Wirklichkeit war als Epos, Tragödie oder Lyrik und zum anderen ihm die Laster in der Stadt Rom keine andere Wahl ließen als Satiren zu schreiben. Obwohl er sehr geflissentlich die Stadt Rom zur Zielscheibe seiner satirischen Pfeile wählte, musste er in seinen 16 Satiren dennoch zuweilen dem zeitgenössischen Rom entweichen, um unter der Maske der Vergangenheit die Gegenwart weniger gefahrvoll kritisieren zu können.

Kallimachos

K. war als Leiter der Bibliothek von Alexandria sowohl ein bedeutender Gelehrter als auch Dichter. Doch leider ist von seinem umfangreichen Werk nur wenig vollständig erhalten: sechs Götterhymnen und einige Dutzend Epigramme, daneben nur Fragmente. Selbst seine Lebenszeit lässt sich nur ungefähr mit 300-245 v.Chr. angeben. Seine wissenschaftliche Leistung umfasste, so weit wir es beurteilen können, einen Bibliothekskatalog, der den damaligen Gelehrten bekannten Schriftsteller mit ihren Werken und Kurbiographien verzeichnet waren, und Lexika zu mythologischen und geographischen Themen.

Lilybaeum

398 gründeten die Karthager an der Westküste Siziliens Lilybaeum (das heutige Marsala). Ab 241 v.Chr., nach dem Ende des Ersten Punischen Krieges, gehörte es zum römischen Reich. Zu römischer Zeit war Lilybaeum eine der Hauptstädte der Provinz *Sicilia*.

M. Aemilius Lepidus

Der römische Politiker Lepidus (90-13/12 v.Chr.) war im Jahre 49 ↑Praetor. Er konnte es durchsetzen, dass ↑Caesar zum *dictator* ernannt wurde. Nach Caesars Tod schlug er sich auf die Seite des ↑Antonius. Im Jahr 43 v.Chr. bildete er ein ↑Triumvirat mit Antonius und ↑Octavian. In den folgenden Kämpfen gegen die Caesarmörder wurde Lepidus mehmals verdächtigt, mit ↑Pompeius' Sohn eine Verschwörung zu unternehmen. Lepidus verlor daher seine Provinzen und seinen politischen Einfluss. Im Jahr 36 v.Chr. versuchte er gegen Octavian mit militärischer Gewalt seine früheren Rechte als Mitglied des Triumvirats zu erlangen. Nach seinem Scheitern zog sich Lepidus endgültig aus der Politik zurück.

L. Lucceius

Lucceius war ein Freund Ciceros und hat ein Werk über die Geschichte Roms verfasst, das nicht erhalten ist. Kurz nach 45 v.Chr. starb er.

Magna Mater Cybele

Cybele ist eine Naturgottheit aus Kleinasien (heute: Mittelmeerküste der Türkei). Sie wurde als „Große Mutter" (*Magna Mater*) alles irdischen Lebens verehrt. Zu ihrem Kult gehört das Ekstatisch-Orgiastische: wilde Musik, Tanz, Raserei bis hin zur Selbstkastration der Priester im Rausch. Von ihrem Ursprungsort in Kleinasien wurde ihr Kult im ganzen Mittelmeerraum verbreitet.

Im Jahr 204 v.Chr. wird die Verehrung der *Magna Mater* Teil des römischen Staatskultes. Um gegen Hannibal erfolgreich zu sein, befolgte man ein Orakel, das die Einführung dieses Kultes befahl. Ihr zu Ehren wurden Spiele, die *Ludi Megalenses*, am Tag ihrer Ankunft, dem 4. April, beginnend veranstaltet. Die Römer milderten das Bedrohungspotential des für sie fremden und beängstigenden orientalisch-ekstatischen Kultes dadurch, dass dieser Kult nur von orientalischen Priestern gepflegt werden durfte. Nach der Ausweitung des Römischen Reiches lässt sich der Cybelekult im ganzen Reichsgebiet finden (etwa seit dem 2. Jh.n.Chr.).

Marius

Gaius Marius (156-86 v.Chr.) entstammt einer Ritterfamilie. Er war ein erfolgreicher Feldherr, berühmt geworden ist sein Sieg gegen den numidischen König Iugurtha 105 v.Chr. und der Krieg gegen die Germanenstämme, die Kimbern und Teutonen, in den Jahren 104-100. Als Politiker gelang ihm die wohl einmalige Leistung, siebenmal Konsul zu werden. Der Grund für seine militärischen Erfolge lag in einer Heeresreform: Marius gründete eine Berufsarmee, in der die Soldaten 25 Jahre ihren Dienst versahen. Zudem verpflichtete sich der Feldherr für die Soldaten zu sorgen, die aus dem Dienst ausschieden. Diesen Erfolgen ist es sicherlich zu verdanken, dass man Marius für den Bundesgenossenkrieg (91-89) und den Krieg gegen ↑Mithridates (88) zurückrief, obwohl er sich 100 v.Chr. aus dem aktiven politischen Leben zurückgezogen hatte. Seine Auseinandersetzung mit ↑Sulla um das Kommando im Krieg gegen ↑Mithridates war ein entscheidender Grund des Bürgerkriegs. Im Jahr 86 v.Chr. wurde Marius in Sullas Abwesenheit von Rom noch einmal zum Konsul gewählt, er starb aber vor Amtsantritt.

Medea

M. ist eine Figur des griechischen Mythos. Sie half Iason das goldene Vließ zu bekommen, obwohl sie darüber mit ihrem Vater in heftigen Streit geriet. Medea floh mit Iason aus ihrer Heimat Kolchis. Sie ist auch an der Ermordung des Pelias beteiligt, der Iason seiner rechtmäßigen Herrschaft über Iolkos beraubt hatte. Sie floh mit Iason nach Korinth. Als Iason die Königstochter von Korinth, Glauke, heiraten will, bringt Medea – zumindest in den bekanntesten mythischen Versionen – aus Rache ihre Kinder, die sie von Iason hatte, und Glauke um. Sie flieht nach Athen, wo sie Aigeus heiratet und Medos zur Welt bringt. Letzlich flieht sie in weiteren Versionen in die alte Heimat zurück und wird zum Namensgeber des persischen Stammes, der Meder.

Menander

M. war ein griechischer Komödienautor des 4. Jh.v.Chr. Leider ist nur wenig von seinem literarischen Werk erhalten. Seine Wirkung als literarisches Vorbild reichte aber über die römischen Komödiendichter, wie ↑Terenz, hinaus bis zur französischen Komödie eines Molière.

Metellus Celer

C. Metellus war ein römischer Politiker. Sein Schwager war ↑Pompeius, dessen Politik er zunächst auch vertrat. Celer wirkte beim Kampf gegen ↑Catilina mit. Im Jahr 60 v.Chr. war er Konsul. Er starb 59 v.Chr. unter ungeklärten Umständen, unbewiesene Gerüchte, seine Frau Clodia sei mit einer Portion Gift daran beteiligt gewesen, wurden zumindest von Cicero immer wieder vorgebracht.

Milo

Titus Annius Milo Papianus war als politischer Unruhestifter auf Seiten des ↑Pompeius aktiv. Mit Schlägerbanden ging er gegen Gegner vor. Im Jahr 57 v.Chr. war er ↑Volkstribun und 54 ↑Praetor. Er verhalf Cicero zu dessen Rückkehr aus dem Exil. Im Jahr seiner Bewerbung um das Konsulamt (52 v.Chr.) kam es zu einem Straßenkampf mit seinem Feind Clodius, in welchem Clodius getötet wurde. Cicero verteidigte ihn in der Rede *Pro Milone*. Milo unterstützte Caelius 48 v.Chr. in einem Aufstand gegen ↑Caesar und wurde bei seiner Gefangennahme getötet.

Mithridates

Im Zusammenhang mit ↑Pompeius und Ciceros Zeitgeschichte ist Mithridates VI., König von Pontus in Kleinasien (Türkei), gemeint, der von 132 bis 63 v.Chr. lebte. Er nutzte die Aufstände gegen die Römer in Kleinasien um 88 v.Chr., um sich von der römischen Herrschaft zu befreien. Die Römer führten mehrere Kriege gegen Mithridates, doch erst Pompeius gelang 66 v.Chr. der entscheidende Sieg über ihn.

Octavian

Geboren wurde er 63 v.Chr. als Gaius Octavius (mit dem Namen Octavian allerdings hat er sich selbst nie bezeichnet). Seine Mutter Atia war eine Nichte ↑Caesars. Er entstammt ursprünglich keiner besonders vornehmen Familie. Dies änderte sich erst, als er von Caesar – testamentarisch verfügt – 44 adoptiert wurde. Im zweiten ↑Triumvirat zusammen mit ↑Antonius und ↑Lepidus wurde ihm die Neuordnung des Staates durch den Senat übertragen. Sein politischer Aufstieg zum Anführer der westlichen Reichshälfte ist auf vielen militärischen Erfolgen, darunter auch auf dem Sieg gegen seinen einstigen Verbündeten Lepidus gegründet. Den später ebenfalls verfeindeten Antonius schlug er in der Schlacht bei Aktium (31 v.Chr.) endgültig. Vom Senat wird Octavian beauftragt, auch andere Teile des Reiches zu befrieden. Als Dank für den Erfolg erhält er 27 v.Chr. vom Senat den Titel Augustus [= der Erhabene]. Damit wird er faktisch zum Alleinherrscher Roms und wenn die Republik auch offizell weiterbesteht, so hat sich der Wandel zum Prinzipat praktisch vollzogen. Bis zum Tod des Augustus 14 n.Chr. war die Lage des römischen Reiches durch Stabilität und Frieden im Vergleich zur vorhergehenden Zeit der Bürgerkriege bestimmt.

Phaedrus

Phaedrus von Athen (um 138-70 v.Chr.) war epikureischer Philosoph und Oberhaupt dieser Philosophenschule. In den 80er Jahren des 1. Jh.v.Chr. war er in Rom. Während dieser Zeit knüpfte Cicero Kontakt zu ihm und hörte in den Jahren 79/78 dessen Vorlesungen in Athen.

Pharsalos

Die Stadt Pharsalos liegt in Thessalien (in Mittelgriechenland, südlich von Makedonien). Caesar schlug hier 48 v.Chr. ↑Pompeius entscheidend.

Philon von Laris

Philon von Laris (1. Jh.v.Chr.) war Schuloberhaupt der Akademie. Als er 88 v.Chr. nach Rom kam, hörte Cicero seine Vorlesungen. Philon vertrat einen gemäßigten Skeptizismus, d.h. er meinte, es gebe keine objektiv erkennbaren Wahrheiten, der Mensch könne aber Erkenntnis über bestimmte Dinge erlangen.

Philipp

Philipp II. war von 359 bis 336 v.Chr. König der Makedonen. Durch seine vielen Eroberungen legte er auch den Grundstein für das Weltreich seines Sohnes, Alexanders des Großen. Er galt als herausragender Feldherr und Politiker.

Platon

Der vielleicht bedeutendste Philosoph – zumindest – der Antike (427 bis 348 v.Chr.) entstammte einer aristokratischen athenischen Familie. Die Persönlichkeit und das Wirken seines Lehrers Sokrates hat er in seinen philosophischen Werken (27 Dialoge sind ihm sicher zuzuordnen) vorgestellt. Von biographisch erscheinenden Werken, in denen Sokrates als Gesprächsführer auftritt, entwickelte sich das schriftlich niedergelegte philosophische Schaffen Platons weiter zu eigenständigen philosophischen Auseinandersetzungen mit Fragestellungen auf dem Gebiet der Ontologie (Wert und Wahrhaftigkeit der Dinge auf der Erde), Anthropologie (Wesen der Seele), Staatstheorie (Konstruktion des optimalen Staates) und Kosmologie (Ordnung des Kosmos [= Welt, Weltall, Weltordnung]). Was im Einzelnen an Gedankengut Platon, was noch Sokrates zuzuordnen ist, kann nicht hinlänglich entschieden werden.

Trotz seiner außerordentlichen Nachwirkung ist uns seine eigene Biographie nur bruchstückhaft überliefert. Wir wissen nicht, wann er mit seiner Lehrtätigkeit begonnen und die berühmte philosophische Schule der Akademie gegründet hat.

Er soll auch viele Reisen unternommen haben. Sicher bezeugt sind drei Reisen nach Sizilien.

Plutarch

Der griechische Schriftsteller Plutarch (ca. 45-125 n.Chr.) war ein platonisch geschulter Philosoph. Sein Werk lässt sich in zwei Bereiche gliedern: biographische und philosophische Schriften (vorrangig zu ethischen Themen). Zu ersteren gehören u.a. die berühmten Parallelbiographien, in denen je ein Grieche und Römer vergleichend nebeneinander gestellt sind (z.B. ↑Demosthenes und Cicero).

Pompeius

Gnaeus Pompeius, genannt Magnus, (106-48 v.Chr.) war dreimaliger Konsul der Jahre 70, 55 und 52 v.Chr. und einer der herausragendsten Feldherrn des antiken Rom. Wichtige Erfolge waren z.B. sein Sieg über die Piraten in den 60er Jahren des 1. Jh.v.Chr. und die Eroberung des ↑Mithridatesreiches. Im Jahr 61 erhielt er einen Triumphzug bewilligt. Als es Pompeius aber nicht gelang, seinen Soldaten das versprochene Ackerland per Gesetz zuzuteilen, ging er zur Sicherung der eigenen Machtstellung mit ↑Crassus und ↑Caesar 60 v.Chr. ein Bündnis ein (das erste ↑Triumvirat). Im Jahr 59 heiratete Pompeius Caesars Tochter Iulia, was die beiden mächtigsten Personen noch enger zusammenbrachte. In den folgenden Jahren entfernten sich die *triumviri* aber wieder voneinander, v.a. nachdem Iulia (54 v.Chr.) und Crassus (53 v.Chr.) gestorben waren. Pompeius verbündete sich mit dem Senat und wurde „Konsul ohne Kollegen" (also der erste Mann Roms). 49 v.Chr. brach die Feindschaft zwischen Pompeius und Caesar aus. Nach der Niederlage bei der Schlacht von ↑Pharsalos (48 v.Chr.) floh Pompeius nach Ägypten und wurde dort ermordet.

Quintilian

M. Fabius Quintilianus (um 35 n.Chr. bis um 100 n.Chr.) gilt nach Cicero als der bedeutendste Theoretiker römischer ↑Rhetorik. Man bezeichnet ihn auch als den ersten Professor für Literaturwissenschaften. Sein Hauptwerk ist die *Institutio oratoria* (Ausbildug des Redners in 12 Büchern), die um 95 n.Chr. veröffentlich wurde. Darin wird über theoretische und praktische Aspekt der rednerischen Bildung von ihren Anfängen an gehandelt: Aufbau einer Rede, Witz, literarische Bildung, charakterliches Ideal des vollkommenen Redners etc. In diesen Büchern finden sich auch viele Textstellen zitiert, die sonst gänzlich verloren gegangen wären.

Sallust

C. Sallustius Crispus (86-ca.35 v.Chr.) stammte aus einer reichen Familie, die jedoch nicht dem Senatorenstand angehörte, und schlug zunächst die ↑Ämterlaufbahn ein (u.a. 55/54 Quaestor, 52 Volkstribun, 46 Prokonsul). Er stand auf Seiten Caesars und wurde von diesem mehrfach rehabiliert bzw. geschützt (nach der Entfernung aus dem Senat 50 v.Chr. und gegen eine Anklage wegen Amtsmissbruch während seiner Zeit als Prokonsul).

Nach der Ermordung Caesars zieht er sich auf sein Landgut zurück und widmet sich der historischen Schriftstellerei. Es entstehen die erhaltenen zwei Monographien über ↑Catilina und Iugurtha sowie die nur in Fragmenten auf uns gekommenen *Historiae*, die die Zeit von 78 bis 67 v.Chr. behandelten. Außerdem sind zwei Briefe an Caesar und eine Invektive (Schmährede) gegen Cicero unter dem Namen des Sallusts überliefert.

S. Roscius

Sextus Roscius entstammte einer reichen und angesehenen Familie aus Ameria (heutiges Amelia in Umbrien). Sein Vater (gleichen Namens) wurde 81 v.Chr. in Rom ermordet. Während der Proskriptionen unter ↑Sulla wurde er nachträglich auf die Liste gesetzt und ein gewisser Chrysogonos bereichert sich an seinem Vermögen. Zur Ablenkung des Verdachts wurde der Sohn des Mordes an seinem Vater angeklagt. Cicero übernahm aber erfolgreich die Verteidigung.

Sulla

L. Cornelius Sulla (138-78 v.Chr.) stammte eigentlich aus einer unbedeutenden ↑Patrizier-Familie. Doch seine Fähigkeiten als Feldherr und Politiker (besonders im Bundesgenossenkrieg 91-89 v.Chr.) brachten ihm 88 das Konsulamt ein. Im gleichen Jahr wurde ihm der Oberbefehl für den Krieg gegen Mithridates übergeben, doch kurz darauf bereits wieder entzogen und seinem einstigen Vorgesetzten ↑Marius übertragen. Daraufhin marschierte Sulla mit seinen Truppen in Rom ein und vertrieb seine Feinde. Seinen Kampf gegen Mithridates musste er 85 durch einen Friedensvertrag beenden, da seine Gegner wieder die Macht in Rom an sich gerissen hatten. Er kehrte nach Italien zurück. Im folgenden Bürgerkrieg siegte Sulla trotz der Übermacht seiner Gegner. Er wurde 82/81 zum *dictator* ernannt. Seine Aufgabe war die „Wiederherstellung des Staates". Sulla erklärte viele tausend Römer für rechtlos und verschaffte dadurch seinen Anhängern (wie z.B. ↑Crassus) die Möglichkeit, sich zu bereichern. In den Jahren bis 79 v.Chr. reformierte er die römische Verfassung und legte dann sein Diktatorenamt nieder. 78 v.Chr. starb er. Seine Reformen erwiesen sich nicht als dauerhaft und der römische Staat hatte nicht die beabsichtigte Stabilität erhalten.

Stoiker

Als Stoiker bezeichnet man die Anhänger der Stoa, einer Philosophenschule, die um 300 v.Chr. von Zenon von Kition (334-263 v.Chr.) gegründet wurde. Sie ist benannt nach dem Treffpunkt dieser Philosophen: der stoa poikilê („bunte Halle"), einem Markgebäude in Athen. Für den Stoiker besteht das Ziel im Leben darin, der Tugend zu folgen ungeachtet aller Schwierigkeiten, die sich daraus ergeben könnten. Durch das Schicksal oder die Vorsehung (griech. heimarmenê, lat. *fatum*) ist alles von vorneherein festgelegt: Der Stoiker Chrysipp gebraucht zur Erläuterung das Bild von einem Hund, der an einen Wagen gebunden ist. Der Wagen fährt unaufhaltsam weiter, ob der Hund mitläuft oder nicht. Wenn er aber mitläuft, so hat er es leichter. Der Wagen steht in diesem Bild für das Schicksal, und der Mensch nimmt die Rolle des Hundes ein. Wer also Einsicht hat, der folgt dem Schicksal und stellt sich nicht dagegen. Auf diesem Weg soll der Mensch auch alle Emotionen ablegen, damit er nicht mehr durch Äußeres in seiner Seelenruhe erschüttert werden kann und in der Lage ist, nur noch dem Verstand (griech. logos, lat. *ratio*) zu folgen.

Terenz

Publius Terentius Afer lebte von ca. 190 bis 159 v.Chr. Er war ein Freigelassener aus Karthago. In Rom schrieb er zwischen 168 und 160 sechs (erhaltene) Komödien nach griechischen Vorbildern. Zusammen mit Plautus ist er der berühmteste römische Komödiendichter. Seine Art der Komödie verzichtet allerdings auf die Derbheiten der plautinischen. Dies und seine elegante Sprache ließen Terenz zum Schulautor werden. Auch auf die Neuzeit hat Terenz erheblichen Einfluß ausgeübt (Molière, Lessing).

In seinen Komödien spielen immer wieder folgende Themen eine Rolle: Familien-Konflikte, Liebesheirat trotz Standesgrenzen, Wiedererkennung von Verwandten nach langer Zeit etc.

Thessalonike

Das heutige Saloniki in Makedonien wurde um 316/315 v.Chr. gegründet. Nachdem Thessalonike in makedonischer Zeit nur von geringer Bedeutung war, erlebte es ab 148 v.Chr. eine Blütezeit, als es Sitz des römischen ↑Statthalters wurde. Thessalonike war auch die Heimat einer frühen Christengemeinde, wie uns durch den Apostel Paulus bekannt ist.

Tragiker

Als *die* drei Tragiker werden gemeinhin Aischylos (525/24-456/55 v.Chr.), Sophokles (497/96-406/05 v.Chr.) und Euripides (484/80-406 v.Chr.) bezeichnet. Von ihrem reichhaltigen Werk sind nur einige Tragödien erhalten; wohl nur ein Zehntel. Die Werke der vielen anderen Tragödienschreiber dieser Zeit sind fast vollkommen verlorengegangen. Besonders berühmt sind noch heute im modernen Theater gespielte Tragödien wie: *Agamemnon* des Aischylos, *König Ödipus* des Sophokles oder *Medea* des Euripides. Sie haben die nachfolgende Literatur bis in unsere Zeit ähnlich stark beeinflusst wie ↑Homers Epen.

Verres

Gaius Verres (115-43 v.Chr.) war 74 v.Chr. ↑Praetor und von 73 bis 71 war ihm die Verwaltung Siziliens anvertraut worden. In dieser Zeit nutzte er alle

Möglichkeiten, sich zu bereichern und die Bevölkerung auszubeuten. Aus diesem Grund hat Cicero 70 v.Chr. Anklage gegen ihn erhoben. Noch vor Ende des Prozesses ging Verres ins Exil nach Massilia. 43 ist er im Zuge der Verfolgung seiner Gegner von Anhängern des M. ↑Antonius getötet worden.

4.3. Erwähnte Schriften Ciceros

Brutus

In diesem Werk, 46 v.Chr. entstanden und nach dem Widmungsträger ↑Brutus benannt, gibt Cicero in Dialogform einen Überblick über die Geschichte der römischen ↑Rhetorik von den Ursprüngen bis in seine Zeit. Dabei werden berühmte Redner mit ihren charakteristischen Merkmalen vorgestellt. Cicero selbst erscheint als Höhepunkt dieser Entwicklung.

De finibus bonorum et malorum

In nur zwei Monaten (Mai/ Juni 45 v.Chr.) verfasst Cicero dieses Werk in fünf Büchern. Sein Thema sind die philosophischen Ansichten der vier großen Schulen (Akademie (↑Akademiker), Peripatos, Stoa (↑Stoiker), ↑Epikureismus) zum höchsten Gut. Diese werden in drei Gesprächen erörtert.

De inventione

Dies ist eine frühe Schrift Ciceros aus den Jahren 81/80 v.Chr. Wie der Titel sagt, geht es um die Auffindung des Stoffes, die *inventio*, für eine Rede als Teil der rhetorischen Technik.

De legibus

Wie *De re publica* ist auch dieses Werk nur fragmentarisch erhalten. Es ist zur etwa gleichen Zeit entstanden (ab 52 v.Chr.). Nachdem in *De re publica* der beste Staat das Thema war, geht es nun um die besten Gesetze. Beide Werke führen zur eigenen Staatsform, der römischen ↑res publica. Cicero lehnt sich an ↑Platons Werk *Nomoi* (Gesetze) an.

De natura deorum

Im März 44 v.Chr. beendet Cicero diesen Dialog in drei Büchern „Über das Wesen der Götter". Im ersten Buch wird die epikureische Götterlehre dargestellt und von einem Akademiker widerlegt. Im zweiten Buch wird die ↑stoische Götterlehre behandelt, die im dritten Buch ebenfalls kritisiert wird. Hier wird Ciceros Grundposition beim Philosophieren deutlich: das *in utramque partem disserere* – das Für und Wider einer Sache gleichermaßen erötern.

De oratore

Diese Schrift, 55 v.Chr. in drei Büchern entstanden, ist als Dialog zwischen ↑Antonius und Crassus angelegt: ein fiktives Gespräch des Jahres 91 v.Chr.

Thema des Dialoges ist die Redekunst: u.a. Vorraussetzungen für den Rednerberuf, Aufbau und Abfassung einer Rede, die Verbindung von ↑Rhetorik und Philosophie als Grundlage eines guten Redners.

De re publica

Ciceros Schrift *De re publica* aus den Jahren 54 bis 51 v.Chr. ist nur fragmentarisch erhalten. Sie ist wiederum dialogisch angelegt. Es werden staatstheoretische Fragen erörtert (Entstehung eines Staates, Arten der Verfassung). In den abschließenden zwei Büchern wird der ideale Staatsmann vorgestellt. Das Vorbild ist ↑Platons *Politeia* (Der Staat). Der Schluss des Werkes ist das berühmte *Somnium Scipionis* (Traum des Scipio): Dieser Traum führt den Lohn vor Augen, den dieser ideale Staatsmann im Jenseits erwarten darf.

Divinatio in Q. Caecilium

Dies ist eine Art Vorrede im Prozess gegen ↑Verres (70 v.Chr.). Mit dieser Rede musste sich Cicero das Recht sichern, als Ankläger gegen Verres vorgehen zu können, was ihm bekanntlich auch gelang. Eine solches Verfahren zur Ermittlung, welcher Ankläger zugelassen wurde, nannte man *divinatio* (Mutmaßung): Denn derjenige, von dem die Richter „meinten", er sei der am besten geeignete Ankläger, wurde für diese Aufgabe bestimmt.

Hortensius

Von diesem Werk sind uns nur wenige Fragmente erhalten. Cicero hat es 45 v.Chr. als philosophisches „Einstiegswerk" geschrieben: Der mit der Philosophie unerfahrene Leser sollte an die Beschäftigung mit der Philosophie herangeführt werden. Mit dieser Schrift beginnt Cicero zugleich sein Bemühen in den folgenden Jahren alle Aspekte der Philosophie in lateinischer Sprache darzustellen. Cicero konnte diesen Plan nicht mehr vollenden.

Orationes philippicae (Philippische Reden)

Unter diesem Namen werden vierzehn Reden aus den Jahren 44 und 43 v.Chr. zusammengefasst. Sie sind benannt nach den Reden des ↑Demosthenes, die dieser gegen ↑Philipp II., den König von Makedonien, hielt und richten sich gegen Marcus ↑Antonius und seine Anhänger, die Cicero als Feinde der römischen ↑res publica darstellte.

Pro Cluentio

Cicero gelang es (höchstwahrscheinlich) für A. Cluentius Habitus einen Freispruch zu bewirken. Im Jahr 66 v.Chr. wurde dieser angeklagt, seinen Stiefvater Oppianicus vergiftet und acht Jahre zuvor das Gericht zu einem Falschurteil bestochen zu haben, so dass sein Stiefvater damals in die Verbannung musste (vgl. auch 3.1).

Pro Ligario

Die Angehörigen des ↑Pompeius-Anhängers Ligarius richten zusammen mit Cicero im Jahre 46 v.Chr. die Bitte an ↑Caesar, dass Ligarius wieder aus dem Exil zurückkehren dürfe. Zugleich hatte Cicero die Absicht, Caesar für seine Ideale der besten Staatsform einzunehmen.

Pro Marcello

Caesar hat 46 v.Chr. seinen einstigen Gegner M. Claudius Marcellus auf Bitten von dessen Bruder begnadigt. Cicero hält aus diesem Anlass eine Art Dankrede, in der er Caesars Milde und Weisheit, im Sinne der Republik zu handeln, rühmt.

Pro Milone

In einem Kampf mit ↑Clodius, ↑Milos und Ciceros Feind, wird dieser 52 v.Chr. getötet. In dem folgenden Prozess gelingt es Cicero nicht, Milo erfolgreich zu verteidigen, so dass er verbannt wurde.

Pro provinciis consularibus

Diese Rede stammt aus dem Jahre 56 v.Chr. und hat die erwünschte Verlängerung von Caesars ↑Statthalterschaft in Gallien zum Thema. Cicero erreicht mit dieser Rede eine Annäherung an Caesar.

Tusculanae Disputationes

Im Herbst 45 v.Chr. vollendet Cicero die *Tusculanae Disputationes*, fiktive philosophische Gespräche zwischen einem Lehrer und einem Schüler, die auf seinem Landgut in der Nähe von *Tusculum* stattfinden. Die fünf Bücher, wiederum ↑Brutus gewidmet, haben folgende Themen: I die Verachtung des Todes, II das Ertragen von Schmerz, III Linderung von Krankheit, IV Bewältigung und Linderung von Emotionen, V die Autarkie der Tugend (d.h. die Tugend ist sich selbst genug und braucht kein weiteres Gut).

6. Anhang II

Cicero stellt zu Beginn seiner Rede Für Caelius *den Richtern die Ungewöhnlichkeit der Situation vor Augen: Obwohl Festtage sind und öffentliche Spiele, die* Ludi Megalenses, *stattfinden, kommt es dennoch zu einer Gerichtsverhandlung. Überdies seien eher zweifelhafte Motivationen seitens der Ankläger im Spiel.*

[1]   Si quis, iudices, forte nunc adsit ignarus legum, iudiciorum,
                    consuetudinis nostrae,
miretur profecto,
                  quae sit tanta atrocitas huiusce causae,
                      quod diebus festis ludisque publicis
                          omnibus forensibus negotiis intermissis
                      unum hoc iudicium exerceatur,
nec dubitet,
                  quin tanti facinoris reus arguatur,
                  ut eo neglecto civitas stare non possit;
                  idem cum audiat esse legem,
                      quae de seditiosis consceleratisque civibus,
                        qui armati senatum obsederint,
                        magistratibus vim attulerint,
                        rem publicam oppugnarint,
                    cotidie quaeri iubeat:
legem non improbet,
      crimen quod versetur in iudicio,
requirat;
                  cum audiat nullum facinus,
                    nullam audaciam,
                    nullam vim in iudicium vocari,
                    sed adulescentem illustri ingenio, industria, gratia
                  accusari ab eius filio,
                    quem ipse in iudicium et vocet et vocarit,
                  oppugnari autem opibus meretriciis:
illius pietatem non reprehendat,
muliebrem libidinem comprimendam putet,
vos laboriosos existimet,
                  quibus otiosis ne in communi quidem otio liceat esse.

ignarus (+ Gen.): unwissend – **mirari:** (Dep.) sich wundern (Modus hier?) – **profecto:** (Adv.) in der Tat – **atrocitas, atis f.:** Schrecklichkeit – **huiusce:** *huius*

+ verstärkendes -*ce* – **diebus festis... intermissis:** Welche Konstruktion liegt vor? (Fall beachten!) – **exercere:** ausführen – **dubitare + quin:** zweifeln, dass – **arguere (+ Gen.):** anklagen – **eo neglecto:** Welche Konstruktion liegt vor? (Fall beachten!) – **stare:** bestehen – **quae:** der Relativsatz wird mit *cotidie quaeri iubeat* fortgesetzt – **seditiosus:** aufständlerisch – **vim afferre (+ Dat.):** jmd. Gewalt antun – **quaerere:** gerichtliche Untersuchungen abhalten – **iubeat:** Konjunktiv im Relativsatz – **improbare:** missbilligen (hier mit Verneinung: Stilmittel?) – **versari in iudicio:** vor Gericht verhandelt werden – **requirere:** erfragen (hier mit indirektem Fragesatz!) – **illustri ingenio, industria, gratia:** *Ablativus qualitatis* – **in iudicium vocare:** vor Gericht bringen – **vocet... vocarit:** Modus und Zeitstufe beachten! – **ops, opis f.:** (hier:) Machenschaften – **meretricius:** zwielichtig (wörtl. „dirnenhaft", bezogen auf ↑Clodia!) – **illius:** gemeint ist ↑Atratinus, der 17-jährige Hauptankläger des Caelius; dieser hatte gegen Atratinus' Vater eine Anklage geplant, weshalb Atratinus ihm mit diesem Prozeß zuvorkommen wollte – **libido, inis f.:** Begierde – **muliebris, is, e:** weiblich – **comprimere:** unterdrücken; erg. *esse* (Gerundivum mit *esse*!) – **quibus otiosis:** *quibus* ist Bezugswort zu *liceat*. Das Prädikatsnomen *otiosis* steht dazu in KNG-Kongruenz = *quibus liceat otiosis esse*.

[2]   Etenim si attendere diligenter, existimare vere de omni hac causa
           volueritis,
sic constituetis, iudices,
           nec descensurum quemquam ad hanc accusationem fuisse,
                 cui, utrum vellet, liceret,
           nec,
           cum descendisset,
           quicquam habiturum spei fuisse,
                 nisi alicuius intolerabili libidine et nimis acerbo odio niteretur.
Sed ego Atratino, humanissimo atque optimo adulescenti meo necessario,
ignosco,
           qui habet excusationem vel pietatis vel necessitatis vel aetatis.
                 Si voluit accusare,
pietati tribuo,
           si iussus est,
necessitati,
           si speravit aliquid,
pueritiae.
Ceteris non modo nihil ignoscendum, sed etiam acriter est resistendum.

volueritis: Modus und Zeitstufe in Relation zu *constuetis* bestimmen! – **attendere:** aufmerksam zuhören – **existimare:** urteilen – **constituere:** feststellen – **descensurum... fuisse:** Irrealis im AcI, in direkter Rede hieße es: *nec descensisset quisquam* – **ad accusationem descendere:** die Anklage übernehmen – **habiturum fuisse:** vgl. oben zu *descensurum fuisse* – **nimis:** allzu –

niti (+ **Abl.**): sich stützen auf etw. – **ignoscere** (+ **Dat.**): verzeihen – **excusationem habere** (+ **Gen.**): eine Entschuldigung hinsichtlich/ durch etw. haben – **pietas, atis f.**: Loyalität – **necessitas, atis f.**: Pflichtgefühl – **tribuere** (+ **Dat.**): zuschreiben – **non modo... sed etiam**: nicht nur, sondern auch – **resistere** (+ **Dat.**): widerstehen, nd-Form mit *esse*!